Collana

medicina per l'anima

Erica Francesca Poli

ANATOMIA DELLA COPPIA

I sette principi dell'Amore

Prefazione di Salvatore Brizzi

Anima Edizioni

Progetto editoriale: Jonathan Falcone
Direzione: Timoteo Falcone
Redazione: Sabrina Lescio
Editing: Paola Salvadori

ANIMA s.r.l.
Gall. Unione, 1 – 20122 Milano
tel. 02 72080619
e-mail: info@animaedizioni.it
www.animaedizioni.it

I edizione Anima settembre 2015
Ristampe:

Tipografia Italgrafica
via Verbano, 146
28100 Novara

A Colui che è per me l'Amore,
che mi è Sposo nell'Anima.

Ai suoi spigoli,
infine preziosi,
alle sue inattese,
sconfinate dolcezze,
ai suoi Miracoli.

All'Amore che ci unisce,
al Mistero che ogni giorno
ci fa tramite della sua manifestazione.

PREFAZIONE di Salvatore Brizzi

CI INNAMORIAMO PER GUARIRE

Le persone cercano l'amore perché sono convinte che questo possa renderle più felici.

Allora pregano: "Signore, fa' che io incontri l'amore della mia vita, una persona che mi renda finalmente felice".

Dal momento che nel Vangelo è scritto *"Chiedete e vi sarà dato, cercate e troverete, bussate e vi sarà aperto, perché chiunque chiede riceve e chi cerca trova e a chi bussa sarà aperto"* (Mt 7,7-8), allora il Signore non può fare finta di niente, poiché sarebbe come rifiutarsi di onorare una promessa, ed essendo Gesù un *uomo d'onore* farà di tutto affinché le richieste di queste persone vengano esaudite!

Come fare dunque in modo che queste persone incontrino l'amore?

Innanzitutto è necessario scoprire perché non l'hanno ancora incontrato nonostante lo desiderino. Va osservato che le persone possiedono nella loro testa un *ideale* di coppia che le porta a credere che la convivenza debba essere sinonimo di felicità e serenità, per cui quando le difficoltà quotidiane superano un certo limite si separano e ricominciano tutto daccapo con un'altra relazione finché, dopo una serie di tentativi andati male, non smettono di credere nell'amore in sé.

Esiste una netta differenza tra questa *coppia ideale* e la *coppia reale* che tutti sperimentiamo. La coppia ideale è possibile, ma si realizza solo grazie all'integrazione delle ferite emotive che ognuno di noi porta nel proprio inconscio sin dall'infanzia. La coppia reale è quel genere di rapporto, indispensabile, che ci consente di lavorare all'integrazione di tali ferite emotive. In pratica, una ci prepara al conseguimento dell'altra.

A partire da quando ci troviamo nella pancia della mamma, per proseguire nei primi anni di vita, viviamo una serie di stati emotivi e fisici (non possono essere ancora mentali) che si imprimono nel nostro inconscio come *ferite* – che in ultima analisi sono interferenze di natura elettrica – sia nel corpo astrale che direttamente nel corpo fisico, principalmente a livello muscolare. Esiste una ferita in particolare che comprende tutte le altre e di cui le altre sono solo declinazioni: si tratta di una vibrazione, un'*impronta energetica* che si trova alla base dei nostri comportamenti, delle nostre posture, del nostro modo di mangiare o guidare, del nostro modo di fare l'amore e della nostra vita di coppia. Questa vibrazione costituisce il fondamento della nostra stessa personalità e viene definita *Guardiano della Soglia*, *tallone di Achille*, *reazione cronica*, *caratteristica principale* o *debolezza principale*.

Si tratta di una vibrazione di disagio derivante da una ferita emotiva infantile non ancora risolta. Può essere una ferita da abbandono, che dà origine a un comportamento di dipendenza; una ferita da tradimento, che dà origine a un comportamento da controllore; una ferita da rifiuto, che dà origine a un comportamento di fuga costante; e così via… Identificarla non è così semplice perché ci accompagna praticamente da sempre e ci riconosciamo così totalmente in essa da non saperla più percepire come separata da noi. La musica che ascoltiamo, gli sport che pratichiamo, il nostro modo di camminare, vestire, affrontare la vita di coppia… tutto ciò che siamo abituati a considerare *noi stessi* o *il nostro stile* è impregnato di questa vibrazione.

Data questa premessa, quando proviamo attrazione o addirittura ci innamoriamo di una persona, in verità è la nostra ferita infantile (spesso prenatale) a sentirsi attratta o a innamorarsi. Non sono né il suo aspetto fisico né la sua eloquenza né la sua bravura artistica o altro ad attirare davvero la nostra attenzione, bensì il fatto che quella persona rispecchi la nostra vecchia ferita. La ferita si sente irresistibilmente attratta da qualcuno che può creare le condizioni adatte per farla emergere e quindi integrarla e guarirla. È una questione vibratoria, tanto che al posto della persona che abbiamo di fronte potrebbe esserci chiunque altro capace di risuonare con la stessa vibrazione.

Il rapporto tutto rose e fiori dove si vive *per sempre felici e contenti* a questo punto va a farsi benedire e viene sostituito da un ben più concreto *rapporto reciprocamente terapeutico*. Da una parte siamo stati educati a un ideale di coppia da fiaba, dall'altra ci portiamo dietro un bambino ferito che vuole essere guarito dai suoi traumi inconsci.

Il partner ha la capacità di far emergere con il suo comportamento, le sue parole, talvolta con la sua sola presenza... o assenza, il nostro tallone di Achille con tutto il suo carico di dolore antico e inespresso. Finché la ferita non è stata integrata e trasmutata ogni nostro rapporto (di sesso, di coppia, di amicizia) dovrà essere disfunzionale per definizione; passeremo da un dramma emotivo a quello successivo, in una recita senza fine degli stessi ruoli. Nessun amante potrà darci ciò che cerchiamo disperatamente fino a quando non avremo integrato quella vibrazione sperimentata da bambini che ci causa ancora oggi profondo disagio. Ogni partner ci apparirà sempre incompleto e inadatto e lo troveremo più *sbagliato* proprio in quella sfera che riguarda più da vicino la nostra ferita.

La ferita emotiva o fisico/emotiva non si palesa quasi mai all'esordio di una storia d'amore, bensì con il suo proseguo e in particolare nel suo finale, quando ci ritroviamo con il *cuore spezzato* e diamo la colpa al partner. Se il bambino si è sentito abbandonato, tradito, rifiutato o umiliato, da adulto porterà ancora dentro di sé, nel suo inconscio, una di queste ferite, e obbedendo a essa si innamorerà di uno specifico partner. Questo partner avrà il compito di aiutarci facendo emergere la nostra ferita, provocandoci cioè la stessa sofferenza che ci provocherebbe un chirurgo... ma senza anestesia!

Trasmutare le nostre ferite ci consente di divenire liberi dal passato. La nostra attuale identità – ciò che siamo convinti di essere e i modi in cui ci comportiamo – deriva dalla nostra infanzia e ne è una costante espressione. Niente di più lontano da ciò che possiamo definire *libertà di pensiero* o *libertà di azione*. Come possiamo affermare di possedere libero arbitrio se persino le nostre simpatie politiche sono decise da ciò che ci è accaduto nei primissimi anni di vita?

Il libro di Erica Poli parla di tutto questo e della maniera di affrontare il rapporto di coppia al fine di giungere alla trasmutazione alchemica dei disagi. Io da parte mia posso solo mettere l'accento sulla necessità della Presenza nel processo di guarigione. Si tratta di trovare il coraggio di spostare ogni giorno il nostro sguardo dalle circostanze fisiche e dalle persone che le hanno provocate – primo fra tutti il partner – alla vibrazione del disagio stesso, che si trova al nostro interno.

In ultima analisi la nostra sofferenza non concerne qualcuno o qualcosa fuori di noi, bensì un'impronta energetica dentro di noi. Dare la colpa all'esterno significa non avere il coraggio di affrontare la realtà dei fatti. Attraverso una Presenza prolungata e costante il *demone* è costretto a venire allo scoperto. Non può più nascondersi dietro la frase "È colpa sua. Non mi ama".

Capiremo di essere sulla buona strada quando non andremo più alla ricerca del partner ideale o di *qualcuno che ci ama*. A dover cercare amore in maniera compulsiva – anche attraverso il sesso o l'amicizia – è il bambino ferito, non l'anima dell'adulto. Un individuo consapevole attende che l'amore venga da lui sotto qualsiasi forma, così come deve essere, anche se giunge nella forma di un'esperienza di guarigione che nulla ha da spartire con la coppia da fiaba degli spot pubblicitari o dei finali dei film americani.

Le ferite fisico/emotive ci separano da – e allo stesso tempo ci conducono a – l'amore incondizionato. Esse rappresentano i solchi attraverso cui successivamente scorrerà l'amore autentico, quello per ottenere il quale le persone pregano il Signore. Affinché tali persone ottengano la serenità dell'amore completo, il Signore invierà loro dei partner che esse percepiranno come sbagliati. Ma non si può attraversare l'incendio se non passando in mezzo al fuoco. Ecco perché l'amore non è per tutti, ma viene concesso solo a chi si dimostra impavido e risoluto lungo il percorso di discesa all'interno di sé.

Cito dal libro di Erica:

"Le coppie nell'unione ci sorprendono e sono figlie della sorpresa.
Sono sintesi di opposti, paradosso e normalità.
L'amore che fanno e che le attraversa non ha nulla a che vedere con l'amore che ci fa soffrire ed evolvere. [...]
Questo amore e questa libertà sono di un mondo altro che irrompe improvviso fra gli amanti e li fa custodi, non proprietari, di un mistero... li consacra guardiani di un oltre che domina il loro sentire, il loro essere, la loro coscienza".

Fuori dal tunnel ci attende un amore che infiamma il Cuore e non è più sottoposto ai se e ai ma. La bella notizia è che questo tunnel in verità è più corto di quanto si crede, se solo ci concediamo di scavalcare in un sol colpo ogni ferita emotiva scatenando in noi l'emozione superiore dell'Adorazione. Adorare l'altro significa affidarsi totalmente alla bellezza della sua anima, comunque si esprima sul piano materiale. L'Adorazione non va più di moda e spesso viene scambiata per servilismo o sottomissione, ma nella realtà rappresenta un moto del Cuore che guarisce dalle sue ferite chi la prova e porta a nuova vita chi ne è oggetto.

Se c'è una professionista in grado di aiutare le persone nel processo di trasmutazione questa è proprio Erica Poli. Non finirò mai di ringraziarla per avermi permesso di osservare e poi *sentire* taluni meccanismi inconsci che operano nel rapporto di coppia.

Salvatore Brizzi
Torino, 9 settembre 2015

PREFAZIONE di Erica F. Poli

L'AMORE OGGI

L'amore può durare?

Così recitava il titolo di un libro dello psicoanalista Stephen Mitchell che portava come sottotitolo *Il destino dell'amore romantico.*

Parlo al passato perché sono trascorsi molti anni da quando, entrata in libreria per acquistare un testo medico scientifico, ne uscii con quel libro. Oltretutto non l'ho più io, è nelle mani di qualcuna delle molte persone alle quali l'ho prestato nel tempo, e in effetti mi accorgo scrivendo che oggi a me non serve più.

Da allora ho vissuto diverse vicende personali nei territori dell'amore e molte ne ho viste vivere da tutte le coppie e le persone che si sono rivolte a me.

Oggi posso dire con profonda gioia di conoscere l'amore pieno, l'unione pura nella sua perfetta imperfezione, nella sua ideale realtà e nella sua trascendente immanenza.

E posso dire con altrettanta gioia di avere aiutato tante, tante coppie e tanti singoli a fare questo percorso nelle cose dell'amore, per parafrasare il titolo di un altro testo a me caro di Umberto Galimberti.

Anatomia della coppia è semplicemente un riverbero di questo viaggio, personale e professionale, nell'amore.

La domanda con la quale si apre pone l'interrogativo sul tema oscuro della durata dell'amore.

Sospeso fra bisogno di stabilità e necessità del nuovo e del non sempre prevedibile per sopravvivere, l'amore romantico – quello della letteratura e della poesia, quello del cuore – è come un equilibrista che percorre la nostra vita sul filo sottile che separa e unisce la materia e l'anima.

Ci sono tante altre forme di amore, tante altre versioni di questa forza primigenia che anima la vita e tutto può, ma di certo l'amore di coppia è una di quelle da cui pochi prescindono, almeno una volta nella vita, o quella volta per tutta la vita o tante, persino troppe volte...

Nelle molte lettere che ricevo sui giornali per cui scrivo, nelle richieste di consulti, nella psicoterapia, nei corsi, l'amore la fa da padrone come tema prevalente.

L'amore per un altro o un'altra, quell'essere umano che d'improvviso arriva e si prende lo spazio del nostro dentro o arriva lentamente e lo guadagna come una pianta silenziosa guadagna con i suoi rami impercettibilmente l'altezza... ed ecco i soliti interrogativi: quale il segreto di un amore che dura davvero? Come far sì che sia un amore vero? Come essere felici insieme e come affrontare i conflitti? Come coniugare impegno e autonomia? Vicinanza e libertà? Come amare e farsi amare, in definitiva?

L'amore può esistere anche in un istante, in uno sguardo, in un gioco di vibrazioni con uno sconosciuto, mentre sei sulla metropolitana, mentre balli un tango argentino, mentre lavori o fai la spesa.

Ma l'amore che poi dura, crea qualcosa, si manifesta in un progetto, resiste, insiste, si perdona e rinasce ogni giorno, come può mantenere la scintilla di quella vibrazione energetica primigenia che lo ha fatto nascere? Come può addirittura fare ancora di meglio: moltiplicare, amplificare, celebrare ed esaltare quella scintilla di modo che essa diventi assai più di ciò che era?

È possibile? La risposta è sì ed è il tema di questo libro.

È commovente scriverlo, e sapere e sentire che l'amore del sogno più intimo della maggior parte di noi può esistere.

Esso tuttavia richiede un percorso, a partire dal sogno verso la trasformazione profonda di noi, ed è *in primis* un percorso.

Richiede il percorso dell'amore per se stessi – tappa imprescindibile perché si manifesti l'amore sano con l'altro – e richiede la consapevolezza che l'amore di coppia altro non è che una via, una delle vie, per l'evoluzione dell'anima.

Dunque stare in coppia nell'amore significa scegliere di progredire nel destino della propria anima accanto a qualcuno piuttosto che soli, e cosa questo significhi profondamente è uno dei punti cruciali del libro.

Scintilla, vibrazione, anima... parole lontane dalla modernità liquida fatta di consumismo del sesso e degli affetti, di storie veloci, di vuoto da colmare alla svelta, di fuga costante dalla solitudine.

Eppure affinché quell'amore che tutti vogliono possa esistere, gli amanti – nel senso di coloro che amano – devono essere soli come un sole, parafrasando Carlotta Brucco ne *Il segreto dell'essenza*.

Hanno appreso a stare con se stessi, risolvere il bisogno e l'impulso nella propria interiorità e così, nel trascendere la propria solitudine, nel risplendere in essa, soli del proprio universo, come due soli si incontrano.

La dipendenza non appartiene a questo tipo di amore, così come però nemmeno il continuo bisogno del nuovo.

I soli si riconoscono, le anime si riconoscono e si scelgono per realizzarsi insieme.

Per questo la fedeltà che le lega non deriva da un'inibizione cosciente di impulsi che esistono, ma dal fatto che semplicemente non potrebbero tradire se stesse poiché liberamente scelgono di percorrere questa via di evoluzione piuttosto che un'altra.

Parlare di questo amore oggi non è forse facile, ma ritengo non vi sia altro amore di coppia di cui parlare.

Siamo nell'era della solitudine, diceva lo psicoanalista Paul Verhaeghe nel suo libro *Love in a Time of Loneliness*.

Tutti i contenitori sociali vengono meno, le convenzioni, la famiglia, la netta distinzione tra generi, il ruolo del maschile e del femminile: così uomini e donne contemporanei devono far fronte da soli alla pressione degli interrogativi dell'anima.

Venute meno le ideologie, venuta meno la morale sociale, venute meno quelle ragioni per vivere fornite dalla collettività, ecco che l'individuo ha come *unico* scopo la sua personale felicità, e ne è l'unico responsabile.

È così che le relazioni divengono centrali per la realizzazione, assai più oggi che in passato.

Come afferma lo stesso Galimberti:

"... perché rispetto alle epoche che ci hanno preceduto, nell'età della tecnica l'amore ha cambiato radicalmente forma.

Da un lato è diventato l'unico spazio in cui l'individuo può esprimere davvero se stesso, al di fuori dei ruoli che è costretto ad assumere in una società tecnicamente organizzata, dall'altro questo spazio, essendo l'unico in cui l'io può dispiegare se stesso e giocarsi la sua libertà fuori da qualsiasi regola e ordinamento precostituito, è diventato il luogo della radicalizzazione dell'individualismo, dove uomini e donne cercano nel tu il proprio io, e nella relazione non tanto il rapporto con l'altro, quanto la possibilità di realizzare il proprio sé profondo, che non trova più espressione in una società tecnicamente organizzata, che declina l'identità di ciascuno di noi nella sua idoneità e funzionalità al sistema di appartenenza".

Un tempo ci si poteva rassegnare all'infelicità di un matrimonio in modo più semplice di oggi, perché la morale, la religione, la legge stessa prima del divorzio ci dicevano che era giusto continuare così.

E forse questo in passato produceva perfino una maggiore saggezza nel leggere i percorsi della coppia come un'evoluzione necessaria.

Ma oggi non possiamo più accontentarci che sia una morale esterna a dirci cosa fare.

E comunque non sarebbe nemmeno più possibile.

Così è vero che aumentano le coppie in crisi che poi si separano, o i *single* in cerca della persona giusta che non arriva, mentre spesso e volentieri gli adolescenti che vedo – sentendo un bisogno di famiglia, di stabilità, che non trovano nel mondo attorno – si fidanzano prestissimo e vivono a quindici anni rapporti che sembrano già coniugali.

Mai come nella nostra era la ricerca della felicità individuale è al centro degli sforzi delle persone e l'amore di coppia ne è una parte cruciale.

Ma spesso non funziona: il conflitto fra bisogni personali e bisogni della coppia lo mina, le difficoltà di comunicazione, l'ansia e lo stress di una quotidianità frenetica lo mettono a dura prova e soprattutto, più di tutto, lo minaccia il profondo equivoco che abita persino nei corsi di preparazione al matrimonio religioso – che dovrebbe essere spirituale – su cosa davvero l'amore di coppia sia e cosa significhi.

L'amore di coppia è in effetti un sacramento nel senso che è un processo attraverso cui al sacro si giunge insieme e anche con la sessualità.

E con *sacro* intendo ciò che ci trascende, ciò che informa il reale, ciò che crea e dà senso.

Nessuna anima può prescindere da questo e se sceglie di realizzarlo nella coppia, allora l'interrogativo su cosa sia l'amore e come realizzarlo assume tutta un'altra luce.

È di questo che il libro vi parlerà.

Prima parte

Le dimensioni della coppia

1. Le coppie

Le coppie sono tutte diverse. Nessuna è paragonabile a un'altra, come nessun individuo del resto. Tuttavia, quando insegno o svolgo una terapia, trovo molto utile avvalermi di qualche categoria che permetta di comprendere la natura della relazione che stiamo vivendo o di quelle che abbiamo vissuto.

Esistono molte categorizzazioni, la psicologia occidentale le ama e molti autori si sono cimentati in queste opere di classificazione.

Il mio intento è sempre stato differente. Mi interessa mettere in luce quelle differenze di piani che permettono di fare un salto di coscienza, desidero ispirare chi ho di fronte a compiere un balzo di consapevolezza che trasformi all'istante l'intento con cui si approccia alla relazione di coppia e la disposizione d'animo con cui la vive.

Questo può cambiare tutto.

Come è accaduto a Vanessa e Matteo, entrambi ex *single* di ritorno da precedenti matrimoni, amanti non esclusivi e già di lungo corso, che decidono di venire a un mio seminario e, convinti di vivere *solo* un'ottima storia di sesso fra le altre – il che significava già il loro ingresso nella dimensione profonda e potente di Eros – si scoprono innamorati, protagonisti da tempo di un amore incondizionato, proprio perché privo di aspettative reciproche.

La scoperta dell'unione profonda che vivevano nella loro relazione, traghettata dal desiderio, li ha condotti a voler rischiare ancora l'avventura della coppia che si manifesta al mondo come tale, che si misura con il bisogno, con la stabilità e il progetto.

Unione, desiderio, bisogno.

Ecco la sciarada che vi lancio.

Tre parole che descrivono tre stati della coppia. Tre parole pericolose e misteriose.

Tre parole che rimandano anche a tre diversi livelli di felicità, correlati, come spiego nel mio libro *Anatomia della guarigione*, all'attivazione dei tre diversi cervelli nel nostro cervello – rettiliano, limbico e corticale prefrontale – fino alla loro integrazione e sintonizzazione anche con gli altri cervelli che abitano nel nostro corpo, ovvero il cervello del cuore e il cervello dell'intestino.

Potete così cominciare a intuire come la relazione che siete in grado di costruire e di vivere dipende anche neurofisiologicamente da quale *network* cerebrale siete in grado di attivare, cioè in realtà da quale stato di coscienza e dunque di felicità avete raggiunto.

Ama meglio ed è meglio amato chi sta meglio dentro di sé, chi ha già integrato sufficientemente i livelli della propria coscienza e i piani della propria esistenza.

L'amore allora è un fatto di evoluzione interiore, come tutto nella nostra vita.

La natura dell'amore che siamo in grado di esprimere e scambiare dipende dalla natura animica, cioè dal risveglio interiore che abbiamo raggiunto.

Ma, e qui sta il bello e il terribile, l'amore stesso ci fa evolvere, con ciò che fa accadere in noi attraversandoci, per quella forza incommensurabile che è e che si manifesta in noi, anzi attraverso noi.

È bello e terribile al contempo perché noi crediamo che l'amore una volta raggiunto ci darà la felicità e molto spesso questo non accade. Non accade perché quando crediamo di avere raggiunto l'amore, assai di frequente lo abbiamo perduto lungo il cammino dei conflitti, delle gelosie, delle delusioni, delle frustrazioni, degli abbandoni e delle paure che tutti ben conosciamo e che poco, davvero poco, hanno a che fare con l'Amore, quanto piuttosto con il possesso e il controllo.

Ma nelle coppie che raggiungono lo stato di unione, l'amore fiorisce attraverso il bello e la felicità e lo scopo del libro è proprio quello di aiutarvi a comprendere le vie dell'unione nelle relazioni.

Esiste dunque una relazione complessa e bidirezionale fra coscienza e amore.

L'evoluzione della vostra coscienza favorisce in voi la manifestazione dell'amore in forme sempre più piene e felici, in ogni area della vostra vita, quindi anche nelle relazioni di coppia e, d'altro canto, l'amore stesso opera in voi un'evoluzione di coscienza.

Sono poche le cose che vi possono far evolvere quanto una relazione di coppia e per questo probabilmente la coppia è una matrice di senso dell'esperienza umana così profonda.

Un'altra matrice fondamentale è quella della genitorialità... ma forse questo sarà il tema di un futuro libro.

La coppia senza dubbio rappresenta una frontiera irrinunciabile dello sviluppo interiore, psichico, animico e financo spirituale e racchiude in sé un caleidoscopio di implicazioni, sospese fra stabilità e instabilità, dipendenza e libertà, gioia e tormento.

Come dice il Poeta,

"Quando l'amore vi chiama seguitelo
anche se le sue vie sono ardue e ripide
e quando le sue ali vi avvolgeranno, abbandonatevi a lui
anche se la sua lama, celata fra le sue penne, vi può ferire.
E quando vi parla, credetegli
anche se la sua voce può mandare in frantumi i vostri sogni
come il vento del nord devasta il vostro giardino".

(Khalil Gibran, *Il Profeta*)

È così vero che è l'amore a chiamarci, che è l'amore ad attraversarci.

Ricevo così tante lettere, nella posta delle riviste per cui scrivo, di giovani che vogliono sapere come ottenere l'amore, come farlo andare bene... ma la legge dell'amore è che l'amore è la legge.

Di volta in volta si presenta e si fa attraverso di noi, ma in modi che non sono scontati, che non sono programmati.

È per questo che Amore arriva, per portare il nuovo e l'inatteso, scompaginare programmi e rivelarci altro da ciò che è il conosciuto di noi.

È così che si impara ben presto che l'amore compie quella *coniunctio oppositorum* di cui parla Jung come del passaggio fondamentale verso l'individuazione, la scoperta e la manifestazione della nostra unicità.

Ad Amore non interessa come questo accada, poco gli importa se in modo gentile o brutale, se ci inebria o ci tormenta.

Conta che la sua forza si compia.

Prosegue così il Poeta:

"Poiché come l'amore vi incorona, così vi crocifigge
e come vi matura, così vi poterà
e come ascende alla vostra cima e accarezza i rami più teneri
che fremono al cospetto del Sole
così scenderà alle vostre radici, le scuoterà
dove si aggrappano con più forza alla terra.
Come covoni di grano vi accoglierà in sé
vi batterà finché non sarete spogli
vi passerà al setaccio per liberarvi della pula
vi macinerà fino all'estrema bianchezza
vi impasterà finché non siate cedevoli alle mani
e vi consegnerà al suo sacro fuoco
per diventare il sacro pane nei conviti dell'Eccelso".

Ed è vero che forse non c'è migliore terapia dell'amore. Era solito dirlo Bruno Pagani – con il quale ho sperimentato i tunnel psichici dell'analisi freudiana – che è l'amore che cura.

Anche il terapeuta usa l'amore per curare, l'analisi stessa è amore, diceva.

La terapia è dunque una forma di amore, la più perfetta in un certo senso, perché – naturalmente se svolta in modo corretto – accade attraverso l'assenza totale del giudizio, è incondizionata, in quanto vissuta senza vincoli se non quelli della guarigione...

Ma anche l'amore della coppia in certe sue fasi e stagioni è una terapia, che si compie attraverso gli specchi di ciò che incondizionato proprio non è ma, se accolto, all'incondizionato conduce.

"In voi tutto questo l'amore compirà
affinché capiate i segreti del vostro cuore
e in quella conoscenza possiate divenire frammenti del cuore della vita".

E qui sta il centro di tutta la questione, questa è la rivelazione fondamentale.

L'amore *serve* per rivelare a noi stessi i segreti del nostro cuore.

È per questo che giunge.

E una volta rivelati a noi stessi i segreti del nostro sentimento, siamo pronti per incarnare la vita, per essere un'irripetibile, unica e originale scintilla della vita che si compie in noi.

Esiste un'energia viva che scorre attraverso ognuno di noi, né giusta né sbagliata, né bella né brutta.

Semplicemente quella che è, il nostro tributo alla Vita.

Il nostro compito è solo manifestarla all'ennesima potenza, al massimo grado della sua vibrazione.

Amore fa questo per noi: condurci alla Vita in noi.

E il Poeta ammonisce:

"Ma se avrete timore e ricercherete soltanto la pace e il piacere dell'amore
allora sarebbe meglio che copriste la vostra nudità e oltrepassaste l'aia dell'amore
nel mondo senza stagioni dove potrete ridere
ma non tutto il vostro riso
e piangere, ma non tutte le vostre lacrime".

Quanta intensità che temiamo, quanta tenerezza che ci fa sentire inermi e ci fa chiudere e difendere dall'altro. Quante coppie che grazie alla ISTDP (*Intensive Short Term Dynamic Psychotherapy*) ho semplicemente aiutato a percorrere le strade tanto pericolose quanto miracolose della vicinanza emotiva, dell'intimità psichica, prima ancora che fisica.

La vicinanza emotiva è un dono, il migliore che possiamo dare a chi amiamo.

Senza l'intensità siamo monchi e ciechi, senza la vicinanza emotiva non siamo umani quanto possiamo esserlo davvero.

"L'amore non dona che se stesso
e nulla prende se non da se stesso
l'amore non possiede, né vuole essere posseduto
poiché l'amore basta all'amore.

Quando amate non dovreste dire 'Ho Dio nel cuore'.
ma piuttosto 'Io sono nel cuore di Dio'".

Non siamo noi che ci innamoriamo, è Amore che ci innamora, che accade attraverso di noi.

Così dovremmo dire... che Amore ci ha colto, come sapevano i Greci antichi.

Amore arriva e si manifesta attraverso di noi.

"E non crediate di indirizzare il cammino dell'amore
poiché sarà l'amore, se vi riterrà degni, a condurvi.
L'amore non desidera che il proprio compimento".

Cedete così all'amore, abbandonatevi a esso, lasciate che si compia attraverso di voi.

È questa intenzione cedevole che vi farà scoprire i doni di Amore.

"Ma se amate e ardete di desideri, siano questi i vostri desideri:
sciogliersi e farsi simili a un ruscello che scorre e intoni alla notte la sua melodia
conoscere la pena della troppa tenerezza
essere feriti dal vostro intendere l'amore
e sanguinare volentieri e con gioia
svegliarsi all'alba con cuore alato e rendere grazie per un altro giorno d'amore
riposare nell'ora del meriggio e meditare sull'estasi d'amore
rientrare a casa la sera colmi di gratitudine
e addormentarsi con una preghiera sull'amato nel cuore
e un canto di lode sulle labbra".

Le parole chiave sono proprio queste: sciogliersi, farsi simili all'acqua che scorre, essere acqua che scorre e il ponte sotto il quale scorre al contempo.

Questo significa lasciare che il flusso dell'amore e della vita accada, e contemporaneamente avere gli occhi giusti per vederlo.

E ancora: intonare con il proprio fluire la propria melodia.

Una melodia fatta di troppo e mai di poco: troppa tenerezza, troppa passione, troppa umanità.

E il risveglio che Amore concede è alato, anche quando sofferto, come lo stesso Shakespeare ben sapeva quando faceva ascoltare il canto dell'allodola e dell'usignolo a Giulietta.

È alato perché pronto a un nuovo giorno per amare.

Se siete stati attraversati da Amore conoscete i lidi dell'estasi, e la gratitudine del rientro a casa quando rivedrete colui o colei che incarna per voi sulla terra le sembianze di Amore.

Se ancora non vi è accaduto, vi auguro che vi accada.

Amore è una preghiera e una lode, una religione nel senso più puro del termine, ciò che unisce e collega, amore è questa forza di unione universale ed eterna.

2. Le coppie nel bisogno

Alla domanda che le pongo – "Ma lei lo ama?" – Anna diventa pensosa, l'atmosfera della seduta, prima fluida e persino accelerata dalle sue molte parole, si fa immobile e silente.

Lo sguardo basso, in un sospiro mi risponde: "In ogni caso non potrei lasciarlo, ho bisogno di lui, non ho mai lavorato e in questo momento separarmi sarebbe ancora peggio".

Anna si è sposata molto presto, voleva uscire da una casa in cui le regole le stavano troppo strette e per la verità anche le liti fra i genitori le pesavano sempre di più.

Non c'era cosa più importante al mondo che quella.

Lui non era male, aveva un posto fisso e la amava. Anzi era proprio preso da lei, si capiva. Era dolce e non avrebbe mai fatto con lei come suo padre con sua madre.

Non si pose neppure il problema di amarlo. Le priorità per lei erano altre.

Avrebbe potuto fare diversamente? Sì, certo, come sempre se crediamo di non avere altra scelta è solo ciò che crediamo a non farci vedere altre possibilità.

Così fu per lei.

Oggi, a trentacinque anni, quindici di matrimonio, due figli alle elementari, una brutta dermatite era venuta a presentare il conto di anni di anestesia emotiva, sentimentale e sessuale.

Anna era anorgasmica nei rapporti con il marito e da anni non si masturbava.

Troppe cose da fare, diceva.

Eppure lui era sempre stato un buon marito.

Impossibile lasciarlo... lo avrebbe fatto a pezzi il dolore. E poi, i bambini... sarebbe stata una madre cattiva e anche un'ingrata verso di lui che le aveva dato tutto se stesso.

Qualche volta le chiedeva se era felice e lei mentiva, come del resto fingeva l'orgasmo.

Fu davvero doloroso prendere coscienza di quanto quella scelta fatta a diciotto anni avesse condizionato così la sua vita, fino a farla sentire in un vicolo cieco.

Il bisogno aveva prevalso sulla possibilità di attendere la passione e prima ancora sulla possibilità di autonomizzarsi lei stessa, di credere nella propria capacità di crearsi un'esistenza a partire da se stessa invece che basandosi su un'altra persona.

Il bisogno è in effetti una forza imponente, a volte ci guida senza che neppure ce ne rendiamo conto, agisce in noi profondamente, dai più reconditi recessi dei tessuti dei nostri organi, dalle ghiandole del nostro sistema ormonale, dalle memorie limbiche di odori antichi, dai copioni appresi nell'inconscio preverbale.

Elisa mi dice che vuole separarsi. Sono pochi anni che è sposata e si domanda come abbia potuto sposare quell'uomo che, dice, "non c'entra niente con me".

Dice che è stato come risvegliarsi da un sonno.

Quando ha avuto quella promozione sul lavoro l'idea di se stessa è mutata, ha cominciato a essere stimata e a chiedersi perché avrebbe dovuto continuare a conformarsi a tutto ciò che il marito decideva anche quando non le andava.

Aveva cominciato a dire dei no, niente di eclatante, ma lui era andato su tutte le furie, soprattutto lui non voleva una donna così, lui rivoleva quella di prima, insicura, compiacente, quella cui spesso ripeteva "Cosa faresti senza di me!". Lui era bravissimo, la riempiva di regali, organizzava vacanze, era affettuoso, si occupava di tutto. Non voleva una donna diversa, non capiva perché lei volesse lavorare di più e tantomeno questa storia delle sedute.

Marco era un brillante scenografo. Molto creativo, apprezzatissimo anche all'estero, autore delle scenografie di famosi spot televisivi, concerti, eventi.

Era quello che si definirebbe un bel tipo, ma al tempo stesso sembrava spento.

Anche se non lo si sarebbe mai detto si era sposato giovane, con una donna più vecchia di lui, e avevano tre figli. Lui aveva insistito per sposarsi. Lei gli diceva che alla lunga uno come lui si sarebbe stufato, ma lui no, voleva lei a tutti i costi.

Ora erano in crisi. Lei era caduta in una profondissima depressione. Il terzo figlio nato due anni prima era terribilmente vivace e lei a casa da sola, non lavorando, con Marco sempre in giro all'estero, era crollata.

Allora lui era tornato, aveva preso un casale in campagna, congelato alcuni contratti di lavoro, inventato un'attività collaterale di recupero e rivisitazione di mobili antichi che gli stava già fruttando, insomma come sempre con la sua creatività cercava di aggiustare tutto.

Ma lei no, non si riprendeva. Aveva cominciato anche a diventare gelosa, chissà lui quante donne aveva in giro.

Lui di questo non voleva parlare. Vennero in seduta, assieme.

Lui ripeteva chiaramente che non poteva fare a meno di lei, perché lei era la *sua tana*, gli garantiva quel posto sicuro dove avrebbe potuto sempre tornare, fosse anche in capo al mondo.

Lui diceva che lei era la madre dei suoi figli, che la voleva proprio così, più grande di lui, a dargli sicurezza... quella sicurezza che, essendo stato mandato ad appena dieci anni in una scuola all'estero per giovani creativi, fino a quando non aveva conosciuto lei non aveva avuto.

In seduta singola mi disse che le altre erano solo svaghi, ma che a lei non avrebbe mai rinunciato.

Lei però non voleva più giocare al gioco della mamma con l'*enfant prodige*.

Era stata gratificata da questo. Era stata la più brutta di tre sorelle, la meno riuscita a scuola, la meno tutto.

Ancora in casa a lavorare nell'azienda di famiglia a trentaquattro anni, mai un fidanzato prima.

Sposare lui, bello, giovane, creativo, di successo... beh, un bello smacco per il resto della famiglia.

Una rivincita. Con i soldi che aveva messo da parte gli aveva anche finanziato dei progetti che lui voleva fare in proprio e a cui nessuno credeva. Avevano funzionato e quello era stato il più grande trampolino di lancio per Marco. Lei sempre nell'ombra, all'ombra di lui, a brillare di luce riflessa: ma cosa poteva volere di più?

Come avrete forse sospettato leggendo queste storie, in quelle che chiamo le *coppie nel bisogno* la coppia si è formata come via di soddisfazione di bisogni, spesso complementari, dei due componenti.

In altri termini, nessuno dei due ha risolto almeno quella prima fase di crescita che permette di sentirsi autonomi e responsabili della propria vita, della propria sopravvivenza nel mondo, nessuno dei due è giunto a maturare una posizione di individuo adulto in grado di provvedere a se stesso e soddisfare le proprie necessità ed esigenze.

In questa dimensione i bisogni che muovono la creazione della coppia possono spaziare da quelli più basici e materiali – pensiamo ai matrimoni che oggi vediamo spesso fare a giovani straniere con uomini molto più adulti per assicurarsi una casa e la sopravvivenza – fino a bisogni molto più *sottili* ma non meno determinanti come il bisogno di accudimento, di autostima, di sicurezza affettiva, di riconoscimento, di stabilità, di protezione.

Va subito detto che non è che questi bisogni non debbano esistere o non debbano trovare appagamento.

Essi sono bisogni fondamentali dell'essere umano che abitano anche nelle coppie che definiremo *nell'unione*, ma la questione è in che modo essi agiscono nella relazione fra i due.

Nelle *coppie nel bisogno* l'altro è in fondo vissuto come un mezzo per raggiungere l'obiettivo, come uno strumento per l'appagamento e così l'altro a sua volta vive noi.

L'affermazione tipo che sintetizza le *coppie nel bisogno* è "Sto con te perché ho bisogno di te".

L'altro non è dunque una persona con il suo unico e originale modo di essere e percorso di vita, ma un mezzo per uno scopo.

Quando siamo in una *coppia nel bisogno* in realtà mettiamo sotto pressione l'altro perché vogliamo raggiungere la felicità, la nostra però.

Non si tratta di una felicità costruita assieme.

Nel mio libro *Anatomia della guarigione* ho parlato a lungo dei tre livelli di felicità, che corrispondono anche a tre diversi funzionamenti cerebrali.

Le *coppie nel bisogno* sono dominate dal funzionamento rettiliano che è orientato alla sopravvivenza e che vede gli altri come oggetti e mezzi per ottenere la propria soddisfazione.

In certe coppie, in cui si intrecciano anche tematiche di stampo maggiormente emotivo, il bisogno si può mescolare con le dinamiche del desiderio e così avremo un coinvolgimento anche dei copioni emotivi limbici, che in questa schematizzazione – inevitabilmente riduzionistica ma utile per la comprensione – appartengono alle coppie cosiddette *nel desiderio*, oggetto della prossima trattazione.

Di solito questo accade quando la *coppia nel bisogno* presenta uno dei componenti che ricalcano uno di questi identikit esemplificativi:

- la persona insicura, inibita, che cerca protezione. La felicità per questa persona consiste proprio nel potersi appoggiare a qualcuno che sia forte. Accetterà di essere comandata purché si senta protetta;
- la persona poco amata, poco considerata, che vuole recuperare attraverso il partner ciò che non ha mai avuto (o che crede di non aver avuto e crede che questo sia in effetti il suo problema). La felicità per questa persona sta nel ricevere attenzioni, nell'avere finalmente qualcuno che si occupi di lui o di lei. Accetterà anche una relazione tiepida sotto il profilo sessuale, ad esempio, pur di essere accudita;
- la persona con il cosiddetto *deficit di autostima*, che si sente inferiore, che ha qualche complesso di difettualità e ha bisogno quindi di una conferma, di lodi, di riconoscimento da parte del partner. Sarà felice di compiacere il partner pur di sentirsi brava o bravo, metterà al primo posto le richieste dell'altro pur di essere apprezzata o apprezzato. Può darsi che ottenga grandi successi nella professione, che raggiunga molti risultati ma all'interno della coppia rinuncerà a far valere i propri diritti piuttosto che perdere il riconoscimento;
- la persona sempre tenuta sotto la campana di vetro, coccolata e colmata di attenzioni come una bambina o un bambino. Non essendo divenuta adulta, vorrà continuare ad avere, più che un partner, un genitore disposto a metterla o metterlo al centro e occuparsi di tutto. Baratterà volentieri la sua autonomia pur di avere questo accudimento totale.

Questi sono solo alcuni esempi, che possono esservi utili come spunti per la riflessione, per interrogare voi stessi circa le modalità con cui finora avete vissuto o state vivendo il tema dei bisogni nella coppia.

Sappiate che la *coppia nel bisogno* può funzionare, anche per tutta la vita, finché entrambi i partner sono disposti a dare all'altro ciò che gli serve.

Tuttavia accade che con il tempo, e spesso non all'unisono, ciò diventi sgradevole. Uno dei due compie un percorso di crescita o gli accadimenti stessi della vita lo conducono al mutamento e così si risveglia d'improvviso come da un lungo sonno, vuole tornare a essere se stesso, senza dover letteralmente produrre protezione, attenzione, riconoscimento, compiacenza, sopportazione e così via a getto continuo.

Sente la pretesa che si cela nella richiesta dell'altro, sente la pressione di questo bisogno e non la vuole più. Allora i progetti volgono in delusione, l'amore in rabbia, il legame in separazione.

3. Le coppie nel desiderio

Elena è davvero furente. Lui l'ha lasciata, per un'altra. Ha saputo che lei è una collega, più grande di lui di qualche anno. Una in carriera, per giunta.

Lei in questi anni ha lasciato il lavoro, perché lui ci teneva che le figlie avessero la madre sempre disponibile e che crescessero non affidate a baby sitter o affini. Lei a malincuore aveva accettato, ma al tempo stesso gongolava quando lui, orgoglioso, diceva agli amici "Io ho voluto che fosse mia moglie a occuparsi delle ragazze".

Era felice di essere brava per lui.

In casa si occupava di tutto, negli anni era diventata bravissima in cucina e anche in questo lui la lodava.

Lei adorava essere apprezzata da lui, diciamo pure che la sua approvazione era fondamentale.

In casa non gli faceva alzare un dito e, nonostante la cosa le pesasse, in fondo era bello sentirli tutti, marito e figlie, un po' dipendenti da lei.

Nel tempo era ingrassata. L'altra invece era secca, una sportiva. Certo, non si era mai sposata e non aveva figli. Lei aveva tempo di andare in palestra e fare yoga.

Amici comuni le avevano riferito che la sera lui, che ormai si era trasferito da lei, preparava i surgelati e pare si vantasse di averle messo a posto il rubinetto della doccia che perdeva.

Cose che a casa propria non aveva fatto mai…

"Con tutto quello che ho fatto per lui come può ripagarmi così?". Del resto lei aveva preso da sua madre, che aveva *servito e riverito* suo padre fino alla morte, ma almeno lei era stata ripagata con un matrimonio duraturo.

Mattia si rivolge a me perché ha deciso di separarsi. Da anni intrattiene con la moglie una dinamica che ha del sadomasochismo.

Erano stati amanti, con lei faceva quello che non faceva con l'allora fidanzata. Lei amava dirgli che sapeva che non l'avrebbe mai sposata e che a lei piaceva vedere anche altri uomini.

Poi un giorno lei gli disse che non ne voleva più sapere di lui. Si era stufata.

Lo scaricava, insomma.

Per lui divenne un'ossessione, finchè lasciò la fidanzata e le chiese di sposarlo. Lei accettò.

Da allora non si concedeva, tranne che alcune rare volte in cui voleva del sesso violento, e per giunta sembrava divertirsi a farlo ingelosire, a fargli credere che vedesse altri uomini fra cui anche il loro comune direttore.

Mattia aveva assistito alle scappatelle della madre, che lo aveva reso complice con il silenzio dei suoi tradimenti. Spesso sognava di picchiare la madre, di farle del male.

Il padre forse sapeva, forse no, certo è che i due litigavano spesso e la madre tendeva a umiliare il padre con frecciate esplicite di carattere sessuale.

Dopo la separazione dei genitori aveva deciso di restare con il padre ma questi, poiché il ragazzo per qualche *strana* ragione tendeva a essere violento e spesso finiva a fare risse, lo aveva per così dire *rispedito* dalla madre.

Voleva separarsi, ma al tempo stesso era colto da fantasie sessuali violente con la moglie.

Irma stava con un giovane pubblicista, dedito ai party in società, molto fascinoso, quello che lei definiva *un narciso*. Spariva per qualche giorno, senza dare notizie, poi la richiamava per vedersi, come se niente fosse.

Lei soffriva, ma più la cosa andava avanti, più le sembrava di essergli legata.

Ogni volta che lui faceva così lei decideva di lasciarlo, ma al tempo stesso si chiedeva cosa non andasse in lei, cosa avrebbe potuto migliorare per piacergli di più.

Quando poi lui si rifaceva vivo non riusciva a dirgli no. Era così bello, le piaceva così tanto.

Irma aveva avuto un'infanzia travagliata. Il suicidio della mamma forse non aveva inciso così tanto quanto l'abbandono del padre, stufo della depressione materna e soprattutto desideroso di riprendere la sua attività di guida in Nepal.

Quando tornava era una festa, attendeva per mesi di rivederlo. Avrebbe fatto qualsiasi cosa per farlo restare.

Marco e Laura vivono assieme da un anno ormai, ma la possessività di lei sta rendendo tutto molto, molto difficile.

Ogni giorno Marco deve dirle che la ama e se non glielo dice in un certo modo lei va in crisi, teme che lui la lasci di lì a poco. Vuole garanzie, sicurezze, conferme costantemente. Quel *per sempre* sta diventando per Marco, invece che una scelta quotidiana frutto dell'amore, un giogo pesante come un macigno sulle spalle. Eppure anche per lui in fondo era importante avere una donna che lo facesse sentire al centro.

Lei diceva che voleva un uomo che le facesse cambiare idea sul fatto che il genere maschile è traditore (naturalmente lo aveva appreso da papà), lui – che veniva da una famiglia perfetta in cui mamma e papà erano una cosa sola, sempre d'accordo e mai una discussione – voleva ricreare esattamente lo stesso *ménage*.

Storie… se ne potrebbero raccontare all'infinito. Riempiono i libri e gli studi di psicoterapia.

C'è chi accetta cose che in realtà non vuole e non condivide pur di non essere lasciato. Chi ha il terrore del tradimento e decide che metterà sempre le cose in chiaro prima, trasformando il rapporto in un contratto, chi si annulla pur di compiacere, chi mi dice "Mi ha fatto soffrire tantissimo ma se mi chiamasse ora ci ricascherei". Chi ha avuto per anni un marito ricco e famoso, con cui l'eros era inesistente e di cui aveva paura, e rifiuta un amore giovane e fresco in cui poter godere dei corpi e delle anime perché l'idea che il marito sappia la fa sentire in colpa.

Sono le *coppie nel desiderio*.

Le più interessanti appunto per terapeuti e ricercatori, le più suggestive per gli scrittori, le più sofferte anche.

In effetti costellano i romanzi con le loro tortuose vicende.

Ma leggendole qui tratteggiate, sentite l'eco dei bambini feriti a cui ognuno di questi individui, lungi dal prendersene cura, invece ostinatamente ancora si attacca? Il riverbero di un passato che ognuno di loro sembra voler assurdamente riparare nel presente?

Fiutate l'odore delle emozioni represse e dei copioni emotivi disfunzionali?

Percepite le dinamiche della dipendenza affettiva?

Qualcosa di più sottile e tortuoso delle *coppie nel bisogno* le anima, qualcosa di meno manifesto, giocato dentro nei percorsi della memoria e del riconoscimento, dell'attaccamento e della relazione.

Sceneggiature del passato che vengono ogni volta riproposte, storie che si ripetono.

Cambiano gli attori con cui ci relazioniamo, ma la trama alla fine risulta sempre la stessa.

Vi suona familiare?

Credo che davvero pochi di noi non abbiano vissuto almeno una storia di questo genere, semplicemente perché davvero pochi di noi hanno avuto accesso a un attaccamento infantile fatto veramente di vicinanza emotiva, sintonizzazione reciproca, intimità e sano rispecchiamento.

Un attaccamento fatto anche di delusioni e frustrazioni, luce e buio – entrambi necessari – ma in cui aver potuto apprendere l'arte del fluire attraverso gli opposti, il valore del vuoto e della solitudine, così come aver potuto godere della pienezza e della condivisione.

A loro volta era stato così anche per i nostri genitori, ed ecco la trasmissione transgenerazionale dei copioni emotivi.

Oggi sappiamo che le emozioni della madre influenzano persino i microRNA regolatori del feto e che questa memoria si mantiene fino alle tre generazioni successive.

Ecco le basi genetiche delle costellazioni familiari...

Se poi aggiungiamo che tutta la psicologia del '900 fino ai giorni nostri ancora è vittima di un equivoco circa la natura causativa del trauma, è difficile pensare che le relazioni possano essere libere, erotiche, profonde, creative e creatrici come potrebbero.

L'equivoco riguarda il tentativo, destinato a fallire, di spiegare il presente attraverso il passato, l'idea che un individuo abbia una determinata problematica oggi perché nel passato ha avuto una determinata esperienza negativa, un determinato trauma.

In questo modo si finisce per ritenere che trovato il trauma, in una specie di gioco dei perché, si risolverà il problema, cosa che puntualmente non accade.

È un inganno temporale, in fondo.

Come se davvero il tempo fosse lineare, come se sul serio ci fosse un prima a creare un dopo.

Il problema di adesso è di adesso. Questo è l'unico tempo. Ed è esso stesso fuori dal tempo.

Ciò che conta non sono gli eventi accaduti, bensì ciò che ne è stato fatto e soprattutto, soprattutto, quanto ancora vi siamo attaccati, invece che affidarli alla semplice storia della nostra permanenza nel tempo della vita, da esseri senza tempo quali siamo.

Così le stesse credenze che la psicologia ci ha offerto – e come non accettarle? – fanno sì che continuiamo a cercare riparazione per il nostro passato nelle relazioni del presente, che continuiamo a chiedere a chi è oggi con noi di fare ciò che avremmo voluto che altri facessero in passato.

Quando siamo partiti – di solito inconsapevolmente – da questo assunto di base, la coazione a ripetere di freudiana memoria, cioè la tendenza a rimettere in scena la stessa dinamica – che Adler già individuava come tentativo di riparazione che ogni volta la nostra volontà di potenza metteva in atto – è quasi inevitabile.

Ciò che dovremmo fare invece è imparare l'arte del non attaccamento e del nuovo che si crea ogni momento.

Quando riapriamo gli occhi su un nuovo giorno tutto il mondo rinasce. Perché invece perpetrare in noi ciò che già è stato? Come voler far rifiorire lo stesso ramo già seccato, invece che volgere lo sguardo al nuovo germoglio.

In quelle che ho chiamato *coppie nel desiderio* il passato domina il presente.

Spesso tutto questo è inconsapevole.

Bambine e bambini feriti si cercano, si trovano, si mettono insieme e cercano la riparazione di un passato già vissuto.

In questo modo assai spesso lo ricreano.

La felicità che conoscono è la felicità condizionata, cioè quella che viene dagli eventi esterni, legata a ciò che accade, legata a ciò che gli altri fanno o non fanno.

Siamo nel regno del sistema cerebrale limbico, dove ogni azione è soprattutto una reazione, dove la memoria del prima guida le risposte, dove gli automatismi dei copioni emotivi decidono prima e più in fretta della nostra coscienza.

Nelle *coppie nel bisogno* tutto è basico, l'altro in fondo va bene com'è, purché ci dia ciò che necessitiamo.

Nelle *coppie nel desiderio* l'altro non va mai veramente bene, in fondo lo vorremmo diverso, perché è il copione della mancanza e dell'insoddisfazione che mettiamo in atto.

Ci sono sempre un *ma* e un *se* davanti alla nostra felicità.

Noi vorremmo che lui o lei fosse... facesse...volesse... qualcosa di diverso da ciò che è, fa, vuole.

Nelle *coppie nel desiderio*, diversamente che nelle *coppie nel bisogno*, che possono mantenersi stabili e uguali a se stesse anche per tutta la vita, vi è sempre una parabola o una ciclicità, un'alternanza di fasi.

Di solito c'è una prima fase di grande innamoramento, di entusiasmo e di passione... nelle coppie *nel desiderio* infatti non "sto con te perché ho bisogno di te", ma "sto con te perché mi piaci".

Ci fa felici essere a nostra volta apprezzati, amati. Se piacciamo siamo felici, se ci amano siamo felici, e di solito ci amano se siamo bravi, se facciamo quello che vogliono, oppure pensiamo di essere amati se diventiamo indispensabili.

Ma dopo questa prima fase comincia la delusione, la lamentela.

Lui non è abbastanza premuroso, lei non è abbastanza disinibita.

Se lui fosse più presente sarebbe perfetto. Se lei non mi stesse così addosso mi sentirei più disponibile a impegnarmi.

Frasi che conoscete? Almeno una volta le abbiamo pronunciate tutti.

Nelle *coppie nel desiderio*, ormai l'avrete intuito, proiettiamo i nostri irrisolti.

Ed ecco fiorire seminari, corsi, manuali sull'evoluzione in coppia.

Non ci si mette in coppia per essere felici, ma per evolvere.

Che noia, che pesantezza.

Se la coppia fosse davvero solo questo, forse meglio non mettersi in coppia.

Quando il tuo partner fa qualcosa che non ti piace, allora in quel momento è il tuo più grande maestro e hai l'opportunità di imparare.

È vero, è drammaticamente vero.

Ma è per fortuna solo un passaggio. Vivere la dimensione di una *coppia nel desiderio* è una fortuna se affrontiamo il copione disfunzionale e finalmente lo lasciamo andare, una condanna se ci accontentiamo di pensare che la coppia sia appunto non un luogo dell'anima dove godere e accedere al mistero e alle forze della natura, ma un'eterna scuola di riparazione di emozioni.

Le *coppie nel desiderio* servono proprio a questo. Sono lo specchio delle zavorre emotive che ancora non abbiamo lasciato andare.

In queste coppie la passione esiste ma assai di frequente la difficoltà è proprio nella trasmutazione di questa passione.

Quando la coppia supera la prima fase di innamoramento e si fa stabile, ecco che allora il desiderio potrebbe vivere una stagione intensa di esperienze e approfondimento.

Invece la difficoltà di accettazione dell'altro, specchio della difficoltà di accettazione di noi stessi, fa sì che in realtà l'altro non sia stato mai accettato per ciò che è ma solo per la funzione riparativa che può avere, e genera un terribile sabotaggio del rapporto.

Il partner si trasforma in una sorta di capro espiatorio su cui riversare dubbi, rivalse, rivendicazioni.

"Sarà lui a dover cambiare!", "Sarà lei a dover cedere!"... e si impegnano così, in questo compito tanto impossibile quanto infinito, buona parte delle proprie energie.

Dietro al gioco "Tutta colpa tua se", respirano paure e fragilità che vengono schermate attraverso il partner.

Ed è così che questo atteggiamento di fondo di non accettazione dell'altro per ciò che è, nella sua diversità, conduce a una conflittualità che finisce per riverberarsi anche sul desiderio.

Così la sessualità impossibile è un modo per esprimere scontento e lamentele che fuori dalla camera da letto restano non dette.

Inoltre, potrà sembrare in contraddizione con ciò che ho detto, ma le *coppie nel desiderio* sono animate completamente dal principio del piacere.

In che senso? Tutti avete certamente studiato l'Odissea. Di Odisseo vi hanno detto che rappresenta la spinta alla conoscenza.

Forse avete accettato questa interpretazione senza rifletterci più di tanto.

Ma provate per un istante a ricordare.

Odisseo passa attraverso molte avventure, sfida pericoli, ma assai spesso ciò che deve fare è resistere alle tentazioni.

Con le Sirene, con la bella e giovane Nausicaa, con la maliarda ninfa Calipso.

Ogni volta deve lasciare andare un appagamento momentaneo che lo distoglie da un compito più grande, che fa di lui appunto Odisseo.

Non sarebbe bello sposare la giovane Nausicaa e regnare? Cedere al canto meraviglioso delle Sirene? Passare notti d'amore profumato con Calipso? Ma Odisseo allora non sarebbe più se stesso, non sarebbe più Odisseo. Non compirebbe più ciò per cui è chi lui stesso è.

Prendiamo il caso di Marco e Laura: non è forse più facile per Laura chiedere continue conferme a Marco anche se il prezzo è la dipendenza piuttosto che tollerare la fatica, la paura del vuoto che l'assenza di conferma le trasmette? E per Marco? Non è forse più facile stare con una donna insicura che non si sognerà mai di dire un no pur di avere le conferme che necessita, piuttosto che affrontare il fantasma di un litigio nella coppia e infrangere il mito genitoriale della coppia perfetta perché senza conflitto?

Prendiamo il caso di Irma.

Non è forse più facile cedere a lui ogni volta facendo finta che non se ne sia andato e lasciare perdere piuttosto che affrontare una volta per tutte il tema dell'assenza del maschile per lei?

Ed Elena... non è più semplice pensare tutto il male di questo marito che ripaga la sua dedizione andandosene con un'altra (e anche le amiche sono d'accordo, lui è uno "...") piuttosto che vedere in se stessa la donna fredda che in fondo è, contenta che tutti dipendano da lei e che fa per tutti per impedire loro l'evoluzione e l'autonomia, convinta che in questo modo non avrà forse l'amore ma il controllo sì?

Se scegliamo l'appagamento del desiderio e il piacere istantaneo, se non sappiamo differire al momento del compimento del nostro vero destino, allora cadiamo nella dipendenza, in fondo perdiamo noi stessi, barattiamo la nostra unicità e originalità, la missione della nostra anima, con la riparazione di copioni che non sono che simulacri di noi stessi.

Marco, Laura, Irma, Elena, Mattia hanno dimenticato o non hanno mai sfiorato l'anima, la parte più profonda, che tocca l'ombra di ognuno di loro e dall'ombra procede verso il senso più grande della loro esistenza.

Mentre le persone che vivono nelle *coppie nel bisogno* non hanno strutturato quel senso basico di autonomia e capacità di provvedere a se stesse, chi vive nella dimensione della *coppia nel desiderio* assai di frequente non ha avuto modo di strutturare e poi superare quella che per Freud sarebbe la fase *del narcisismo sano e della sana dipendenza.*

Sono ancora dominati dal principio di piacere immanente.

Conta ciò che fa stare bene ora e allontana qualsiasi esperienza che la mente cataloghi come dispiacere. Provare dolore o correre un rischio sembra intollerabile e la paura domina le scelte.

Il dolore è solo un nemico, non una forza necessaria anch'essa alla nostra individuazione.

Meglio tollerare un uomo infedele piuttosto che vivere il dolore dell'assenza. Meglio tollerare una donna incerta e irrisolta piuttosto che confrontarsi con la forza del femminile.

Invece mentre accettiamo di incontrare ciò che ci fa paura, ciò che ci dà dolore e diciamo alla paura "Vieni, coglimi" e diciamo al dolore "Vieni, attraversami", è lì che noi compiamo una trasmutazione interiore.

Lì sappiamo chi siamo e cosa siamo qui a fare.

Jung ci direbbe che questo è il *numinoso* dove tutto ha inizio. L'Ombra, la sua forza oscura che invece rifiutiamo, ci rivela.

Allora l'anima comincia a costruirsi, e questo è ciò che fanno le *coppie nell'unione.*

Costruiscono insieme la manifestazione della propria anima.

Così quando le *coppie nel desiderio* cominciano a prendere coscienza del passato che domina il loro presente vivono una fase in cui si convincono che coltivare l'amore significa risolvere le tensioni presenti nella relazione, scoprire il segreto dell'amore duraturo, trovare i modi di inventare la novità ogni giorno e cose di questo genere.

Il *focus* è ancora totalmente sul passato: devo risolvere le mie ferite e stare bene con me stesso per poter amare e essere amato.

Di queste frasi sono pieni i libri e le conferenze sul tema.

Ma a un certo punto, in un fortunato punto, accade il primo salto quantico.

Accade che, sul piano neurofisiologico, dalla pura attivazione limbica passiamo al coinvolgimento della corteccia prefrontale: come ormai sappiamo da tutti gli studi sull'intelligenza emotiva, quando attiviamo la capacità di auto-osservazione, la consapevolezza emotiva, l'atteggiamento *mindful*, attiviamo un preziosissimo *network* cerebrale che coinvolge tanto il sistema limbico quanto la corteccia prefrontale, in sinergia.

La corteccia prefrontale, che è plastica, può allora esercitare le sue funzioni di integrazione superiore e letteralmente contribuire a plasmare i vissuti, le reazioni, i comportamenti.

Nel momento in cui i due partner che hanno vissuto nella dimensione di *coppia nel desiderio* fino a quel momento cominciano a osservarsi, a interrogarsi, a riflettere, sempre più al di là del giudizio, sempre più comprendendo l'importanza di andare oltre la paura e le aspettative, si compie il primo miracolo della neuroplasticità.

La stessa corteccia prefrontale che si attiva lavorando con il corpo, o con la meditazione e la preghiera, si attiva anche con il cosiddetto *attaccamento sicuro*.

Dovrebbe essere quello che abbiamo vissuto da bambini, ma se ciò non è accaduto, la buona notizia è che abbiamo l'opportunità di un *upgrade* cerebrale in ogni momento.

Le parole d'ordine dell'attaccamento sicuro sono: *sintonizzazione* e *vicinanza*.

Abbiamo l'opportunità di attaccarci con sicurezza a qualcuno quando sentiamo che quel qualcuno è realmente disponibile a sintonizzarsi con noi ed è emotivamente vicino a noi.

Sintonizzarci con qualcuno vuol dire avere empatia, avere desiderio, capacità e intenzione di andare là dove quella persona si trova, senza giudizio, ma con l'autentico desiderio di vedere e sentire e conoscere chi abbiamo di fronte.

Essere emotivamente vicini a qualcuno significa avere uno spazio interiore per il nostro sentire e il sentire dell'altro, avere la capacità di tollerare e lasciar fluire l'intensità delle nostre e delle sue emozioni, senza reprimerle e senza caderci dentro o esplodere.

Questo non significa che non diremo mai di no, che non proveremo fastidio o rabbia, al contrario, saremo anche disponibili ad accogliere ciò che la rabbia porta come dono di consapevolezza.

L'attaccamento sicuro non esclude nessuna emozione, non ritiene che vi siano emozioni negative da reprimere o non mostrare, è piuttosto in comunione di emozioni e supera la dicotomia *buono* e *cattivo*.

Nell'attaccamento sicuro siamo più interessati all'autenticità che al compiacimento.

Ci sentiamo liberi di essere come siamo, anche con i lati cosiddetti *negativi*, perché sappiamo che l'altro vuole conoscerci davvero, e noi pure vogliamo davvero conoscere l'altro e se ancora vediamo lati positivi e negativi siamo in grado di tenerli insieme, di tollerare che ci siano e non per questo rompere la relazione, temere l'abbandono, praticare il distacco preventivo per non soffrire.

Le *coppie nel desiderio* che si trovano in questa fase, e oggi sono il caso più frequente, le chiamo *coppie nel percorso*.

Sono in evoluzione.

Si adattano a loro tutte le metafore del viaggio e della terapia.

Sono le coppie nelle quali si fa strada la concezione, oggi molto di moda e ritenuta spesso come il punto di arrivo, che si sta in coppia per imparare e che l'altro è il nostro migliore maestro.

È vero, ma si tratta di una fase, di una transizione, poiché lo scenario è ancora dominato da un senso di imperfetto che deve perfezionarsi, di un irrisolto che deve risolversi, di una mancanza che deve colmarsi.

Abbiamo ancora due allievi che si fanno maestri l'uno dell'altro.

Esiste di là da questo un orizzonte rosa dove sorgono le albe di giorni perfetti, dove la coppia è fatta di due divinità che si manifestano, ribadisco, esattamente così come sono.

Qui il cervello funziona nell'integrazione delle sue parti e dei suoi sistemi, in coerenza, la coscienza ha compiuto un reale salto e l'amore è felice, poiché si crea attraverso due persone che sono semplicemente affascinate dai modi in cui nella loro relazione, individualmente e insieme, generano forme di vita intrecciate di realtà e di fantasia.

Di giorno in giorno essi comprendono – nel senso etimologico di *cum-prendere* – come, nella ricchezza di ciò che vivono, le realtà divengano spesso fantasie e le fantasie divengano spesso realtà.

È così che co-creano l'unione come stato dell'essere.

4. Le coppie nell'unione

Le *coppie nell'unione* ci sorprendono e sono figlie della sorpresa.

Sono sintesi di opposti, paradosso e normalità.

L'amore che fanno e che le attraversa non ha nulla a che vedere con l'amore che ci fa soffrire ed evolvere, la libertà che le unisce e ne custodisce l'intreccio non somiglia neppure lontanamente alla vana illusione di chi *si sente risolto perché sa stare da solo.*

No, l'amore e la libertà delle *coppie nell'union*e non hanno nulla di convenzionale, non appartengono a questo mondo di giudizi e definizioni e neppure alle sicumere spiritualiste che vanno tanto di moda oggigiorno.

Questo amore e questa libertà sono di un mondo altro che irrompe improvviso fra gli amanti e li fa custodi, non proprietari, di un mistero... li consacra guardiani di un oltre che domina il loro sentire, il loro essere, la loro coscienza.

Non credo che tutti vivano nello spazio di un'esistenza questo miracolo e non già perché esso non possa accadere, non già perché da qualche parte del mondo non vi sia quel volto che completa il nostro nel mondo dell'oltre, ma perché non tutti si permettono di proseguire quel viaggio di Odisseo fino a casa.

È strano, o forse no, come le *coppie nell'unione* siano sintesi di nuovo e di familiare: non conoscono abitudine eppure il loro amore è come una casa, in cui essere accolti così come si è.

Come Odisseo e Penelope conoscono una nuova giovinezza, una rinnovata primavera che fa seguito alla lunga lontananza, così le *coppie nell'unione* rinnovano nell'intimità di ciò che è familiare il nuovo che ha colto le loro anime.

È così che le anime cinguettano ancora nel tempo dell'anzianità in certe coppie che mantengono l'energia della freschezza e della vita.

Queste coppie non invecchiano insieme, perché la loro unione non appartiene al tempo.

Essa abita fuori dal tempo, là dove vivono le anime, là dove accadono i misteri, là dove respirano i sogni, le immagini, la musica, la danza, l'arte, i colori, le lacrime e i gemiti, la natura, i misteri, le forze che animano la creazione.

È per questo che quando dite "Sono risolto e adesso posso avere una relazione sana", "Ormai ci siamo amalgamati, ci conosciamo bene", "Lui o lei è prevedibile, lo o la conosco come le mie tasche" siete lontani anni luce dall'unione.

Forse non vi piacerà che io lo dica, ma l'ho sperimentato e so di cosa parlo.

Anche io ho creduto di avere risolto me stessa e di essere pronta per una relazione sana, anche io ho pensato che avrei voluto invecchiare insieme al mio compagno come fosse un bel traguardo da raggiungere... anche io ho detto a me stessa che ormai lo conoscevo bene e ci amavamo perché io sopportavo i suoi difetti e lui i miei.

Tutta elaborazione della mente.

Tutte illusioni del pensiero razionale, che vuole mettere in ordine le cose.

E invece no, Amore arriva, per fortuna, e scompagina di nuovo le carte.

Giunge come un soffio di vento e porta confusione, porta il dubbio, l'incertezza, la paura, lo smarrimento.

Guardi il tuo amato, un mattino, e ti sembra di non conoscerlo.

Hai mille dubbi improvvisi e ti interroghi.

Lui ti vede diversa e non ti capisce.

Il cuore si apre ma la sessualità si arresta.

Si rompe poi uno schema e si fa l'amore senza sosta.

I prodromi di un distacco? O la gestazione di un mistero? Forse dipende solo dal coraggio di stare dove si è e smettere di pensare.

Forse dipende dall'avere occhi per vedere camminando nell'oscurità.

Restarsi accanto quando l'incertezza aleggia come un dio sulle acque.

È così che è andata, anche per certe coppie che ho avuto la fortuna di seguire.

E Amore poi irrompe, con paura, con ansia, con poca voglia di parlarne, con gioia.

Un giorno mia madre mi disse di avere riflettuto sulla morte prematura di mio padre leggendola improvvisamente come il dono che lui le aveva fatto di risparmiarle il suo invecchiare, il mutare del suo corpo e del suo volto di materia, così che rimanessero il tempio incarnato dell'amore che per lei sempre furono. Era così che lui le aveva concesso di renderlo icona eterna dell'amore.

Anche lei aveva pensato, sognato, di invecchiare insieme, come tanti, come tutti. Invece no, doveva, necessariamente, riconoscere che non sarebbe stata affatto una dipartita degna dell'anima grandiosa, dell'indole magnanima di mio padre, drammatico e intenso fino all'ultimo come dal primo istante.

Non mi diedi pace per giorni a riflettere.

Anche io sognavo di procedere lungo il tempo lineare con il mio amato compagno… che c'era di male?

Non era forse questo il punto, non in termini razionali, almeno.

Si trattava di lasciare in amore che l'anima dell'altro accadesse così come era e non come noi volevamo che fosse.

Quell'aspetto indomito dell'amore che non si arrende al tempo e non segue i programmi mi ronzava in testa, nel cuore, nei sogni.

Ecco, l'amore non vuole essere domato, addomesticato, intiepidito. Le anime non vogliono essere domate.

Se domi te stesso, se addomestichi la tua anima e chiami questo amore, non fai di più che costringere un bimbo mancino a far sì che la sua mano sinistra ceda il dominio alla destra.

Se l'altro è prevedibile non sei più avanti di chi procede in tondo in un labirinto.

Quanta presunzione, poi, di sapere chi è colui o colei che abbiamo vicino… l'altro che diventa familiare, l'altro che ormai è un libro aperto… e invece è un mistero lì accanto a noi, può essere mille uomini o mille donne, un dio o una dea.

E quando ci arrendiamo, sì, quando ci arrendiamo e la smettiamo con le etichette, i giudizi, le definizioni e le teorie, allora si compie un mistero di appartenenza.

Il mistero che rende l'amore anche un sacramento e fa sposi nell'anima i due esseri che questo amore attraversa.

È così che Amore rende liberi d'un tratto e legati all'istante, è così che Amore alleggerisce il cammino nel tempo e dal tempo fugge, è così che dura e si rinnova, è così che smette di far soffrire e rende pericolosamente, davvero pericolosamente, felici.

È così che si giunge a esso attraverso l'accettazione di noi, finalmente padroni del nostro esistere, per esitare infine, nell'amore, alla perdita di noi, padroni soltanto di abbandonarci al mistero.

In questo senso l'amore è un'iniziazione, un sacramento, un miracolo e la sessualità il suo rito, il suo mantra, la sua preghiera.

Fare l'amore permette di varcare la soglia del senza tempo, del buio, del silenzio, dove l'eterno non è un tempo più grande ma un'altra dimensione.

I corpi danno forma allo spirito e nell'orgasmo scompaiono nello spirito.

L'io muore nell'unione e vive nell'io dell'altro.

La profonda solitudine del godimento è la porta della sintesi nel tutto.

"Perciò, in quanto figlio di Poros e di Penìa, Amore si trova in questa condizione: in primo luogo è sempre povero e tutt'altro che tenero e bello, come invece ritengono i più, anzi è aspro, incolto, sempre scalzo e senza casa, e si sdraia sulla terra nuda, dormendo all'aperto davanti alle porte e per le strade secondo la natura di sua madre, e sempre accompagnato dall'indigenza. Invece per parte di padre insidia i belli e i virtuosi, in quanto è coraggioso e ardito e veemente, e cacciatore astuto, sempre pronto a tessere intrighi, avido di sapienza, ricco di risorse, e per tutta la vita innamorato del sapere, mago ingegnoso e incantatore e sofista; e non è nato né immortale né mortale, ma in un'ora dello stesso giorno fiorisce e vive, se la fortuna gli è propizia, in altra invece muore, ma poi rinasce in virtù della natura del padre, e quel che acquista gli sfugge sempre via, di modo che Amore non è mai né povero né ricco, e d'altra parte sta in mezzo fra la sapienza e l'ignoranza".

(Platone, *Simposio*)

Nel periodo in cui Amore ha scompaginato le rotte della mia riflessione ho ritrovato il senso più profondo di questo passo.

Eros, nel Pantheon greco che ci dona tanti dei nostri simboli, è un dio primordiale.

È *kàllistos*, meraviglioso, dio generativo e forza primigenia, appartiene a un rango unico di figure celesti.

Nel dialogo platonico è come sempre Socrate che ne narra l'origine, quella che fa di Eros il *daimon* che è, entità intermedia fra il mondo dei mortali e quello degli dèi con funzione di mantenere in contatto entrambe le sfere, altrimenti inconciliabili.

Eros viene concepito durante il banchetto per la nascita di Afrodite grazie all'unione fra Poros (*Espediente* o *Ingegno*) e Penia (*Povertà*), quando Penia approfitta dello stato di ebbrezza di Poros.

Ma ho compreso che il miracolo si compie nell'*aporia*.

Il termine *aporia*, dal greco *απορία* , è il passaggio impraticabile, la strada senza uscita.

È *a-poros*, assenza di quell'espediente, di quell'ingegno che permette di colmare *penia*, la povertà, la mancanza.

Nella filosofia greca *aporia* indicava proprio l'impossibilità di dare una risposta precisa a un problema poiché ci si trovava di fronte a due soluzioni che per quanto opposte sembravano entrambe apparentemente valide, un po' come il tema della materia per i filosofi Anassagora e Democrito.

Se la materia è estesa si deve giungere alla conclusione, dice Anassagora, che essa sia divisibile all'infinito. Ma se si presuppone che la caratteristica fondamentale della materia sia la sua estensione e quindi la sua divisibilità all'infinito, si chiedeva Democrito, com'è possibile che vi siano oggetti *finiti*? Le cose finite non possono derivare dall'infinito. Di qui la necessità di pensare che vi siano particelle materiali originarie ma non più divisibili: gli atomi.

Ecco dunque due conclusioni: divisibilità della materia all'infinito o non divisibilità della materia all'infinito, che si oppongono ma che *sembrano* razionalmente valide entrambe.

Ci è voluto un salto di coscienza nel mondo quantico per uscire dall'*aporia* e parlare di una doppia natura onda-particella...

Così deve accadere un salto quantico perché Amore irrompa e faccia accadere l'unione.

Il salto che sposta improvvisamente in un'altra dimensione è figlio dell'*aporia*, quando c'è una mancanza senza un cammino per colmarla, un vuoto senza una strada per riempirlo.

"Lo amo o non lo amo?", "È la donna giusta per me o non lo è?", "Sono davvero me stessa o me stesso con lei?", "Voglio dare il meglio, ma io sono tutto quanto c'è in me...", "So stare da solo ma se la perdessi la sofferenza mi dilanierebbe"... "Lo amo ma"... "La amo però"... "Vorrei che...", Dovrebbe...".

Aporie dell'amore.

Di solito scappiamo. La mente ci assiste nella fuga con tante ottime ragioni, le emozioni le fanno eco con altrettante vecchie ferite che siamo sempre pronti a tirare fuori.

Ma se provassimo a restare nell'*aporia*, cosa accadrebbe?

Mistero.

L'*aporia* socratica è anche una fase della maieutica di Socrate volta alla liberazione dal falso sapere, dalla convinzione cioè di avere delle verità certe.

È la strada senza uscita che irrompe nelle nostre certezze fino a trasmutarle.

"Strada non fa ma sempre arriva", si dice dell'intuizione.

Camminare senza una strada, là dove non c'è una strada, è come compiere un salto fra l'impotenza e l'infinito.

Questo lo chiamiamo *amore*.

È così che l'onda si illumina scoprendosi mare ma è così che, una volta abbandonatasi al mare che è, l'onda può rivelare al vento di essere colei che gli permette di muoversi, concedendogli quella materia d'acqua che agitata dal suo soffio lo fa manifestare.

Questo genere di amore è dunque una via per la coscienza, ma anche per la felicità.

Non è vero che l'amore è profondo se fa soffrire, che l'amore ci insegna con il dolore e lo struggimento.

Questo accade perché non ci adagiamo nell'*aporia*, come farebbe un bambino tra le braccia di una madre.

Siamo figli del mistero eppure rifiutiamo il suo abbraccio.

Siamo figli della bellezza, ma la vogliamo canonica e moderata, dimenticando che in natura la bocca di un vulcano, l'impeto del mare in tempesta, il fulmine che squarcia le tenebre, sono bellezze quanto il velluto bianco dei petali di un giglio o il tepore del sole di un mattino di bonaccia.

Così rifuggiamo il mistero in noi e nell'altro e la bellezza in noi e nell'altro.

Così Amore non si manifesta e non ci possiede.

Invece la vertigine ci attende e avrà gli occhi di chi ci mette di fronte a noi, di chi ci fa essere di più noi stessi.

È amore *di unione* se il nostro partner ci rende sempre più espressione di vita, se con lui o con lei brilliamo, esprimiamo al massimo e al meglio le nostre doti, i doni che portiamo.

È amore *di unione* se l'anima dell'amato supporta la nostra nella sua espansione, nel suo volo, se grazie all'anima che ci sta accanto voliamo meglio e di più e così anche per il nostro amato.

Succede un'alchimia per cui pensando al nostro bene, amandoci, rispettandoci, esprimendoci, facciamo anche il bene dell'altro perché davvero noi siamo l'altro e l'altro è noi.

Succede che occupandoci di noi ci occupiamo dell'altro e proprio di ciò che per l'altro è importante in quel momento.

Essendo liberi lo liberiamo e non abbiamo alcun bisogno di uscire dall'unione.

Essendo noi stessi permettiamo all'altro di essere se stesso e siamo uno.

L'amore *nell'unione* è il compimento della missione dell'anima di ciascuno dei due con e attraverso l'altro.

La *coppia nell'unione* non evolve, *costruisce* l'anima.

Tutto ciò che finora ho detto non è parola per la mente razionale, nell'unione in fondo è tutta una questione di coscienza, di presenza, di vuoto, di abbandono, di intuizione, di fede in ciò che non si spiega, in una strada che non c'è ma che conduce oltre.

I prossimi capitoli sono la narrazione di un percorso nell'oscurità, l'ascolto di parole nel silenzio, la visione di ciò che non si vede.

Un tentativo folle di spiegare ciò che solo si sperimenta.

Un traboccare di amore che nel flusso rilascia parole come la risacca offre oggetti la cui provenienza è incerta poiché già smussata da molte maree.

Potete seguire se volete questa strada senza cammino e, mi auguro, ben presto abbandonarla richiamati dalla vostra personale *aporia*.

Questo è solo l'esempio di un volo, potete imitarlo per un po' ma poi dovrete staccarvi a modo vostro dal suolo.

Comprendete dunque che, quando siamo nel mondo delle *coppie in unione*, la parola stessa muta, diviene poesia, parola che evoca, che celebra, non spiega... crea.

Ma proverò lo stesso a dipanare una spiegazione che appaghi le menti.

Quando ci accingiamo ad avvicinarci alla dimensione dell'unione, innanzitutto incontriamo i miti da sfatare sulle coppie, un velo da squarciare per poter iniziare a vedere.

Sono tanti i miti sulla coppia... tanti i luoghi comuni.

"La coppia non dura", "La coppia è vittima dell'abitudine"... "Oggi nessuno si vuole più impegnare",

"Uomini e donne sono troppo diversi"... quante volte abbiamo sentito queste frasi, forse le abbiamo anche dette.

E la monogamia? C'è chi dice che non è innata, c'è chi dice che invece è naturale.

Chi porta esempi dal mondo animale, chi dice che l'uomo tradisce per natura, e chi non tradisce se la racconta o lo fa per contratto o per fede. Chi si è convinto che l'amore esiste solo nelle fiabe e chi insegue l'ideale secondo cui, se l'amore c'è, tutto viene da sé.

Il punto è che tutti questi discorsi sono appannaggio della mente e della mente in una dimensione di ragionamento che non tiene conto del salto quantico che accade nelle *coppie nell'unione*.

Si tratta di un mutamento delle coscienze, tale per cui nulla di ciò che abitualmente crea problemi alle coppie ha ragione di esistere.

Le stesse categorie concettuali cambiano.

Ad esempio il tradimento: nelle *coppie nell'unione* il tradimento non è che non accada o venga evitato, semplicemente non esiste.

Se siamo realmente nell'unione, noi siamo il nostro partner e il nostro partner è noi, dunque come potremmo tradire noi stessi?

Ma questa è una declinazione che non si può comprendere con la mente. Diventa al contrario evidente, all'istante ovvia, quando passiamo dal bisogno al desiderio, al percorso, fino all'unione.

Quando dico che si tratta di lasciare in amore che l'anima dell'altro accada così com'è e non come noi vogliamo che sia, intendo dire che nelle *coppie nell'unione* noi accettiamo realmente chi abbiamo di fronte, così com'è: in questo senso siamo in unione.

Non desideriamo che sia diverso, che cambi... non pensiamo di sapere qualcosa che l'altro non sa di se stesso.

Non pensiamo di doverlo correggere o che debba migliorare.

Lo vediamo e lo vogliamo vedere com'è o, per meglio dire, per come noi lo stiamo creando.

Sappiamo che l'altro è un riflesso di noi, come noi lo siamo di lui, e che l'altro ci fa il dono costante di rivelarci a noi stessi come noi lo facciamo a lui a nostra volta.

Questo non significa che non proveremo fastidio, rabbia, emozioni contrastanti: significa che dopo avere avuto la forza interiore di affrontarli quando siamo nelle coppie in evoluzione, allora vivremo in quel flusso nel quale ogni evento smette di essere positivo o negativo, semplicemente accade, così come i tratti, le asperità, le dolcezze, le fragilità, il coraggio di chi ci sta accanto.

Un'altra dimensione delle *coppie nell'unione* che ben allora si comprende è quella del paradosso.

Le *coppie nell'unione* sono paradossi viventi: libere e unite, autonome e compenetrate, unite e costantemente dialettiche, stabili e mai ferme, appagate e in trasformazione costante.

Le *coppie nell'unione* stanno infatti nella dimensione del simbolo e del senza tempo, abitano le maglie della rete dei significati che è sottesa alla materia, riposano nelle amache del vuoto che stira le sue membra nell'intimo degli atomi.

Sanno che nulla è come è, che tutto rimanda a qualcosa, che ogni gesto, parola, pensiero è in realtà un gesto-forma, una parola-forma, un pensiero-forma.

Sanno che gesto, parola, pensiero creano.

Questo è il salto quantico di cui spesso si parla.

Il salto, che sposta improvvisamente in un'altra dimensione, è figlio dell'*aporia*, quando c'è una mancanza senza un cammino per colmarla, un vuoto senza una strada per riempirlo.

È allora che le coppie si arrendono e divengono *coppie nell'unione*.

Si lasciano attraversare dall'amore e si arrendono al corpo e alle emozioni di cui è teatro.

E imparano a utilizzare l'amore stesso come alimento: dopo essersi arrese a quell'inevitabile appartenersi che non comprendono del tutto, si sostentano dell'amore che le ha colte.

Sì, ci avete mai pensato? E se considerassimo l'amore come il nostro principale nutrimento?

In effetti, nutrirsi d'amore e nutrire l'amore sono la stessa cosa e nell'amore la dieta emozionale che teniamo conta assai più di quanto pensiamo.

E al tempo stesso la dieta d'amore fa bene al nostro cervello e al nostro corpo.

Così accade che si compia una legge di natura universale: il nutrimento fa crescere e quanto più noi nutriamo l'amore tanto più l'amore cresce e ci fa crescere.

È così che la coppia diviene letteralmente una strada per la crescita, concime per il campo che Amore si appresta ad arare e campo nel quale Amore semina.

È dalla resa che si apre la via della realizzazione.

Seconda parte

Co-creare la coppia

5. Femminile e maschile: dalle neuroscienze all'energia

Nulla di nuovo sotto il sole. L'eterno gioco dei principi della forza e della vita, dello *yin* e dello *yang*, si rinnova in ogni coppia.

Femminile e maschile, non intesi necessariamente come donna e uomo, ma come energie primigenie che si intrecciano, necessarie nella loro diversità, potenti solo nella loro complementarietà.

Il maschile e il femminile abitano in ognuno di noi, come matrici profonde dell'esistere in questa dimensione della dualità costante.

Ogni uomo esprime anche un'anima femminile, così come ogni donna esprime anche un *Animus* maschile... la psicologia analitica junghiana introduce la bisessualità della psiche e ci mostra come la danza di questi principi segni il passo delle nostre relazioni.

Ma come spiegare il femminile e il maschile?

È semplice come osservare i gameti.

Ce lo insegna Lou Andreas Salomé, donna unica, animatrice di salotti culturali, psicoanalista, che ha attraversato con eleganza e fascino la vita dei grandi uomini del suo tempo, da Nietzsche a Sartre, passando per Freud.

Durante i miei anni di studio della psichiatria forense a Torino con il grande professor Fornari, il sabato pomeriggio, dopo le lezioni, giravo a zonzo per una Torino magica e intima, quella dei mercatini dell'usato, soprattutto quella dei mercati dei libri vecchi e antichi a Porta Nuova e Porta Palazzo.

Lì trovai una prima edizione francese di *Lolita*, una prima edizione di un testo di Cesare Lombroso, tante riviste mediche dell'800 e poi un piccolo libro proprio di Lou Andreas Salomé, *L'erotismo - L'umano come donna.*

Di colpo ricordai le citazioni che di lei faceva il mio amato professore di filosofia Gioacchino Molteni, offrendomela spesso come ispiratrice.

Erano passati anni e lei mi attendeva per una prima lettura che fino ad allora era rimasta in sospeso nelle dimensioni dell'attesa.

Immaginate una donna curiosa e indomita che vive in un'epoca di grande pensiero creativo e di scoperte.

Una donna capace di dire no a Nietzsche che la vuole sposare e che dopo il diniego scriverà *Così parlò Zarathustra.*

In quell'epoca i primi microscopi permettono di vedere ciò che non si vede, le cellule del nostro corpo.

Virchow e i primi istologi cominciano a osservare al microscopio proprio la cellula più grande del nostro corpo, l'ovocita o cellula uovo.

E Lou apprende queste nuove informazioni e scrive pagine vertiginose sul femminile e sul maschile a partire dal dato cellulare.

Per anni, durante i corsi dedicati al femminile che ho svolto con tante e tante donne e poi nelle conferenze dedicate alle coppie e nei trattamenti di coppia, ho notato che per spiegare l'energia maschile e femminile non c'è via migliore, più potente e al contempo semplice, che partire dal dato biologico.

Leggiamo in *L'erotismo - L'umano come donna,* La Tartaruga edizioni: *"... non si può fare a meno di constatare quanto l'elemento femminile, già alle radici della vita, si presenti come il meno sviluppato, il più indifferenziato, e proprio per questo adempia al suo scopo precipuo. La piccola cellula maschile, malgrado la sua piccolezza, anzi proprio a causa di questa, appare sin dall'inizio come la cellula nata per progredire insoddisfatta, che si pone sempre nuovi obiettivi, si impone lavoro nuovo; in breve, come l'elemento che si sviluppa tramite lo stimolo e il bisogno. È simile a una linea che avanza di continuo e della quale si ignora dove possa arrivare, mentre l'ovulo femminile si inscrive in un cerchio chiuso che non oltrepassa. A che scopo dovrebbe? È come se in esso, in questa emanazione del suo sé, si trovasse nella propria dimora naturale e di questa si circondasse. (...) come se fosse unita ancor più direttamente al Tutto infinito ed eterno, ma anche più profondamente legata al suo terreno d'origine".*

In questo senso ben si comprende come l'energia femminile sia quella della presenza e della crescita interna, del mistero, di ciò che si anima nell'invisibile, ma anche dell'indifferenziato, del primitivo e del selvaggio.

Vi è nell'energia femminile la vestigia immutata della perfezione dell'origine, dell'armonia più integra, autonoma e paga di sé e in sé.

L'energia maschile incarna lo slancio infinito al viaggio e alla conquista, che lo spinge innanzi, fino ai limiti più estremi.

Due modi di vivere e due tributi all'esistenza che si completano e si integrano.

Come il femminile rappresenta il castello di antica fatta che si erge stabile e duraturo sul colle, così il maschile il vento del guerriero che vi giunge.

Se il femminile – dice Lou – paga con l'immobilità la propria posizione, così il maschile paga il prezzo di un ideale sempre da raggiungere come la linea dell'orizzonte che retrocede sempre davanti al viaggiatore.

Possiamo idealmente proseguire il ragionamento della Salomé dicendo che la componente femminile ha bisogno di essere raggiunta da chi porta il vento del mondo esterno, e la componente maschile ha sempre bisogno di raggiungere chi è fermo e stabilmente adagiato nel suo mondo interno.

È del vero maschile la dedizione allo scopo che persegue e che sposa, è del vero femminile il piacere di perseverare nell'essere uno scopo.

La storia dell'elemento maschile è la storia di una continua trasformazione, specializzazione, differenziazione, quella dell'elemento femminile è il mantra della ripetizione di sé sempre più simile a sé.

L'unione di maschile e femminile è così l'unione di due mondi, il primo dominato dalla specializzazione del proprio sé, il secondo dalla concentrazione del proprio sé.

Non vi è un primato, un meglio o un peggio, non vi è qualcuno sopra e qualcuno sotto.

Il valore del maschile sta in ogni atto unico che compie, espressione di volta in volta di parti di sé.

Il valore del femminile nel dispiegarsi di un processo che non ha fine e non ha inizio.

La creazione maschile è esterna, tangibile, rappresentata da una meta da raggiungere, la creazione femminile da ciò che il femminile stesso ha interiorizzato e con sé fa concrescere.

La parola d'ordine del maschile è *azione*, la parola d'ordine del femminile è *emanazione*.

Se il maschio paga il suo tributo alla vita con ciò che fa, ciò che ha, ciò che realizza, la femmina lo paga con ciò che è.

Così un maschio dirà "Ho un lavoro, ho una moglie, ho dei figli, ho un'auto..." e una femmina penserà "sono la moglie di... sono la madre di... la figlia di...".

Tutto questo, che discende semplicemente e straordinariamente dal dato biologico dei due gameti, implica in modo sottile una particolarissima dinamica fra i due sessi.

La femmina è infatti al contempo più dipendente e più indipendente dal maschio, ovvero intrattiene una dinamica oscillatoria fra due estremi, rispetto al maschio che in forma univoca viaggia ma fa ritorno al femminile come unica origine nella quale ritrovarsi.

È per questo che alle volte le donne faticano a comprendere i movimenti della propria psiche e del proprio soma così come sono, a un tempo dipendenti dal maschio che le raggiunge e le connette al reale e del tutto indipendenti da lui che mai penetrerà il loro linguaggio più intimo per cui lui stesso le ama e non le capisce.

Anche la sessualità alla luce di questa acquisizione di senso muta prospettiva.

Spesso durante i miei corsi chiedo: "Chi è più sessuale? Il maschio o la femmina?".

Molti mi rispondono il maschio, solo perché la scienza ci dice che ha un numero quotidiano di pensieri rivolti al sesso maggiore delle femmine.

Se il maschio pensa al sesso, la donna *è* il sesso perché vive un contatto intimo con la propria sessualità, perché ha un genitale interno che non si vede ed è dentro di lei, diffuso più che localizzato precisamente come il fallo, perché ha una sessualità polimorfa e ubiquitaria nel corpo, perché può godere in tanti modi diversi.

La vita sessuale della donna si manifesta in tutto il suo corpo, in tutto l'essere fisico, e nessuno come la donna comprende perfettamente ciò che poi anche l'uomo attraverso il godimento della compagna raggiunge e cioè la spiritualità del sesso e come la vita spirituale nel corpo trovi la forma della sua manifestazione, come essa si possa vedere come una delicatissima trasmutazione della sessualità del mondo materiale.

È paradossale allora come, quando la donna giunge a vivere la sessualità nella totalità del proprio essere quasi come somma delle manifestazioni del proprio femminile, l'atto sessuale divenga meno centrale e sia compito del maschio farle afferrare quel filo sottile che unisce il soddisfacimento sessuale con quello di tutto il suo essere, compreso lo spirito.

Questo tema che qui ora semplicemente accenno è centrale per la sessualità delle *coppie nell'unione* e ci ritorneremo nel capitolo a essa dedicato.

Certamente da questi elementi non si può che derivare l'impressione che le proverbiali differenze tra i due sessi lascino un poco a desiderare quanto alla più profonda essenza di questa differenza e complementarietà fra le energie.

La questione è tuttavia che le energie governano in ultima analisi la nostra vita, assai più di tutto ciò che di più manifesto possiamo considerare.

Non ce ne rendiamo conto ma iniziamo una relazione con qualcuno e da subito, nei recessi del nostro mondo energetico, queste forze di cui poco o niente con la testa sappiamo si mettono in movimento.

Il corpo le capisce.

Il cervello le traduce in sostanze, così abbiamo le reti neurali e la chimica del maschile e del femminile.

Proviamo allora a scendere un poco nei percorsi neurofisiologici... potrebbe darsi che ci portino dritti filati alle energie, in un salto vertiginoso e così affascinante dalla scienza allo spirito.

Oramai sappiamo molto delle differenze del cervello maschile e femminile.

Io stessa ho pubblicato diversi articoli e ne ho parlato in molti corsi.

Le ricerche e le pubblicazioni di Simon Baron-Cohen e di Louann Brizendine – tanto per citare solo due dei nomi dei tanti neuroscienziati che si sono occupati di questi temi – hanno dato grande impulso al mutamento della consapevolezza in questo senso.

Assai di frequente utilizzo queste conoscenze all'inizio di un percorso di coppia, perché il dato scientifico appaga la mente razionale e sapere come siamo fatti aiuta a smettere di vedere gli atteggiamenti dell'altro come un attacco nei nostri confronti.

Cominciamo dai cromosomi: è quella piccola porzione *in meno* del cromosoma Y rispetto al cromosoma X a fare la differenza, è quella stanghetta dell'Y con i suoi geni a mutare il destino.

Accade già nel pancione, dall'ottava settimana di gestazione in poi. Fino a quell'epoca il cervello fetale è sempre femminile. Per natura infatti la femmina è la struttura tipo da cui si svilupperanno in seguito entrambi i generi; all'ottava settimana il cromosoma Y del maschietto dispone l'ondata testosteronica, che governa la morte cellulare in alcune aree cerebrali e lo sviluppo maggiore in altre; così la *materia grigia* di uomini e donne è già molto diversa alla nascita e per tutto il resto della vita gli ormoni e le loro fluttuazioni orchestreranno queste differenze.

"Devo farLe i complimenti, Lei è la prima donna che incontro a pensare come un uomo». Quindici anni fa quasi quasi apprezzai questo complimento pronunciato a un esame dal professore di ortopedia, dopo la mia dissertazione sull'avampiede delle donne che indossano tacchi a stiletto. Ma oggi, dopo i miei studi in tema di cervello e differenze di genere, con più decisione direi che in realtà il cervello delle donne e quello degli uomini sono differenti.

In effetti un cervello *unisex* non esiste.

Conoscere queste differenze vi aiuterà a non irritarvi più con i vostri partner su alcuni comportamenti che, diciamoci la verità, sembrava che vi facessero apposta!

Sotterrate l'ascia di guerra: eccezioni a parte – che si sa, confermano la regola – lei non smetterà mai di *volerne parlare* e lui non ricorderà mai il giorno dell'anniversario.

Non è il loro compito evolutivo, direbbe il buon Darwin. L'importante è essere ferrati sul tema.

Scherzi a parte, ho imparato nel tempo che la conoscenza cambia la disposizione dell'animo, seda i conflitti, apre all'empatia... trovo dunque straordinario che oggi si possa disporre di dati neuroscientifici come questi che ci danno l'opportunità di riconoscerci nella nostra identità di genere, rispettarci e cominciare a divertirci con queste differenze a volte davvero terribili ma in fondo meravigliosamente complementari.

Cominciamo con qualche simpatico esempio.

Il già citato dilemma delle ricorrenze. Avete in mente la scena di lei che, agghindata con abito sensuale o *lingerie* provocante, cinguetta "Caro, ti ricordi che giorno è oggi?" e lui, sudando freddo, comincia a passare in rassegna mentalmente compleanni, anniversari, addirittura meseversari (quella strampalata unità di misura di sopravvivenza della coppia, creata forse a causa della scarsa resistenza odierna del rapporto a due, per festeggiare almeno i mesi… non è improbabile che possa popolare gli incubi di qualche uomo).

È vero: noi donne, compresa la sottoscritta, ricordiamo esattamente come eravamo vestite il giorno in cui lo abbiamo incontrato, o cosa abbiamo mangiato o *non* mangiato (data l'emozione eventuale) la sera del primo bacio, eccetera. Lui, tragicamente, no.

Non è una questione di avere sfortuna, "non l'abbiamo pescato dal mazzo senza jolly", diceva la mia amica e brava giornalista Silvia Gavino in un articolo che firmammo insieme su *F* proprio su questi temi. Non è neppure per il motivo che pensano quelle già scottate da altre delusioni, e che comincia con la *s* di "…". Semplicemente perché, come tutti gli uomini, ha l'ippocampo più piccolo. O meglio più piccolo di quello femminile.

Ed è proprio lì, in quella specie di cavalluccio marino del sistema limbico deputato a gestire la memoria emozionale, che si annida l'insieme di ricordi da abbinare alle sensazioni.

In pratica è l'archivio della nostra memoria che fornisce a ogni stimolo il livello giusto di attenzione, lo arricchisce di emozioni e infine avvia l'immagazzinamento del ricordo. E che nelle donne funziona molto meglio.

È una delle sei-sette differenze importanti fra il cervello maschile e quello femminile che le neuroscienze hanno scoperto da poco.

C'è anche la questione delle dimensioni (cerebrali, si intende… maligni!): sapete perché le donne hanno quella famigerata e straordinaria capacità di fare più cose insieme e pensarne molte, molte di più? C'entrano le dimensioni.

I cervelli maschile e femminile sono identici per il 99 per cento, e anche le cellule cerebrali sono identiche, ma il cervello femminile è leggermente più piccolo: il 9 per cento in meno. Motivo per cui, in passato, si credeva che le donne fossero inferiori proprio dal punto di vista morfologico.

E invece? Invece no, perché il numero di neuroni è identico nel cervello maschile e in quello femminile. Risultato: il cervello delle donne somiglia a una metropoli affollata e quello degli uomini ricorda una campagna con abitazioni sparpagliate qua e là (diverse ai miei corsi hanno malignato dicendo "una landa siberiana").

Dunque nel cervello più piccolo delle donne i neuroni stanno tutti più vicini, comunicano, si connettono. Se aggiungiamo poi che le connessioni tra neuroni nel cervello maschile si organizzano in filiere lineari e in quello femminile in circonvoluzioni intricate e che il corpo calloso, quell'insieme di fasci che mettono in comunicazione i due emisferi cerebrali, è più ampio nella donna, ecco per i maschi un cervello fatto a scatole e comparti ordinati, pronto per fare una cosa alla volta, e un cervello per le femmine più simile a un'immensa rete *wireless*, pronto per collegare insieme fra loro più contenuti e azioni. L'uno incisivo, penetrante, efficace ma su un solo obiettivo alla volta, l'altro globale, impressionistico, ma capace di contenere ed elaborare la complessità.

È quasi un luogo comune che la mente delle donne sia come una rete intricata di fili dove tutto è connesso a tutto e contemporaneamente, la qual cosa fa impazzire i nostri uomini e sembra così naturale e meravigliosa a noi donne che riusciamo a fare almeno tre cose insieme pensandone altre cinque o sei. Lui in compenso ne fa una sola alla volta, ma la termina e di solito anche in modo preciso.

Uno meglio dell'altro? No, semplicemente diversi e assolutamente complementari.

Ecco dunque che i luoghi comuni sulle differenze tra uomini e donne cominciano a non essere più così tanto comuni: la donna chiacchiera il triplo di un uomo, il quale invece è ossessionato dal sesso, mentre lei ci pensa molto meno; lei ricorda ogni minimo dettaglio, lui si dimentica di tutto; lei scopre dal viso delle persone che qualcosa non funziona, lui se ne accorge solo se vede le lacrime; lei va in ansia per un nonnulla (soprattutto in certi periodi del mese), lui mantiene il sangue freddo, e così via...

In realtà si tratta di atteggiamenti e modi d'essere derivanti dalla differenza di conformazione e sviluppo delle varie aree del cervello.

Ad esempio, nei centri cerebrali del linguaggio e dell'ascolto la donna ha circa il 10% dei neuroni in più rispetto all'uomo.

Inoltre l'ippocampo, sede delle emozioni, è più sviluppato nella donna.

Al contrario nell'uomo il centro preposto all'impulso sessuale è due volte e mezzo più grande, e lo stesso vale per i centri cerebrali che controllano l'azione e l'aggressività, in particolare per l'amigdala.

È innegabile: un'altra differenza tra uomini e donne è proprio il modo di elaborare l'ira. Lei dice "parliamone", a lui va il sangue alla testa.

L'amigdala, quella piccola area a forma di mandorla del sistema limbico, è il centro cerebrale della paura, della rabbia e dell'aggressività e ha dimensioni maggiori nell'uomo, mentre nelle donne il centro che controlla queste emozioni, la corteccia prefrontale e cingolata anteriore, è più sviluppato.

Le reazioni impulsive dell'amigdala ci mettono solo dodici millisecondi per tradursi in azione, mentre i processi corticali, soprattutto quelli delle zone della cosiddetta corteccia prefrontale e cingolata anteriore, ne impiegano venticinque (più del doppio) per esercitare un controllo.

Inutile dire che, se nel maschio l'amigdala mostra dimensioni maggiori, nella femmina è più sviluppata la corteccia prefrontale (area cerebrale preposta a molte funzioni tra cui il pensiero morale e la compassione) con il risultato che a lui la rabbia sale più facilmente da zero a cento in pochi istanti mentre lei cerca di parlarne...

Altri dati? A meno di ventiquattr'ore dalla nascita le bambine sono più sensibili dei bambini ai volti e alle voci umane. Nei primi tre mesi di vita in una bambina si ha un aumento del 400 per cento della capacità di osservare il volto altrui, nei bambini invece è costante l'interesse per gli stimoli dell'ambiente circostante e per l'azione sugli oggetti.

Giunti all'asilo, nei giochi di interazione, le bambine fanno a turno venti volte più spesso dei maschi e tendono a risolvere i conflitti attraverso il linguaggio, mentre i maschi appaiono più predisposti allo scontro fisico.

Qui nascono la predisposizione della donna alla comunicazione e alla costruzione delle relazioni, e l'inclinazione dell'uomo all'azione:

mentre i bambini potenziano soprattutto i centri cerebrali legati al sesso e all'aggressività, le bambine tendono a sviluppare doti maggiormente legate all'empatia e ai sentimenti, una maggiore scioltezza verbale (ecco perché le donne in genere adorano parlare tanto!), la capacità di stabilire profondi legami di amicizia e di empatia, di decifrare emozioni e leggere gli stati d'animo dalle espressioni facciali e dal tono della voce, e l'abilità nella diplomazia e nel placare i conflitti. Se a parlare fosse un etologo ci direbbe che è soltanto l'evoluzione culturale di ciò che in natura è stato da sempre funzionale al compito di cacciatore del maschio e di preservazione del nido e della prole della femmina.

L'etologo ci direbbe anche che proprio perché deputato alla caccia il maschio doveva avere una soglia del dolore più alta e minore memoria psicobiologica dello stress perché, se avesse ricordato completamente i pericoli affrontati durante la caccia, probabilmente *là fuori* a cacciare non sarebbe più andato. Il testosterone che il maschio produce in assai maggiore quantità assolve fra le altre proprio a queste funzioni, ed ecco spiegata la maggiore memoria e predisposizione allo stress delle donne, le quali presentano infatti più sviluppata l'area cerebrale del giro cingolato anteriore, preposta alla rilevazione dei pericoli ma anche area della rimunginazione e delle preoccupazioni.

Questo comporta che le donne siano più inclini a disturbi da stress e depressione – nel senso che percepiscono prima e maggiormente questi stimoli – e che gli uomini lo siano meno, con l'inconveniente che spesso quando percepiscono il *distress* questo ha già prodotto effetti sul fisico (e loro non li hanno percepiti!) e magari si sono già instaurate patologie come ulcera o ipertensione.

Un altro esempio, che potrebbe essere illuminante per molte donne? L'ossitocina, ormone che non solo viene secreto al momento del parto per favorire le contrazioni uterine ma è presente in entrambi i generi, viene secreto nell'uomo subito prima di un rapporto sessuale mentre nella donna la stessa cosa accade dopo il rapporto. Risultato? L'uomo non è lucido prima del rapporto sessuale e in quel momento si abbandona all'emozione mentre la donna mantiene la lucidità e la perde dopo il rapporto, così accade che lei sia colta da un'ondata di tenerezza e desiderio di coccole mentre lui – orrore – fuma, guarda la televisione o dorme.

Tanto per restare in tema... sapevate che alcuni ricercatori hanno individuato un gene della monogamia che negli uomini ha diciassette variabili di lunghezza? Qualcuno ha detto "... ecco una cosa che noi donne dovremmo imparare a misurare, per esempio".

Anche la distribuzione dei recettori per i neurotrasmettitori, molecole che consentono ai neuroni di *parlare* fra loro, è diversa fra i due sessi. Secondo alcune indagini nella corteccia frontale e nel cingolo anteriore del cervello femminile, aree coinvolte nella regolazione del comportamento affettivo, ci sono più recettori per la dopamina, neurotrasmettitore che si libera quando sperimentiamo qualcosa di piacevole o di sorprendente. Non sono differenze enormi, ma probabilmente sufficienti a giustificare alcune diversità.

Anche la maggiore propensione degli uomini a raccapezzarsi con le cartine stradali potrebbe avere una ragione scientifica, cioè che le loro aree cerebrali deputate al senso dell'orientamento sono più sviluppate. All'origine di questa differenza potrebbero esserci ragioni evolutive: per il maschio riuscire a non perdersi in un ambiente sconosciuto è stato per millenni un fattore di selezione naturale, perché a lui era assegnato il compito di procacciare il cibo con la caccia. E anche se oggi non è più necessario dedicarsi a questo genere di attività per sopravvivere, va detto che l'evoluzione è un processo durato migliaia di anni. E le comodità a cui siamo abituati nelle società occidentali sono, da questo punto di vista, molto recenti.

Nel cervello dell'uomo (in maniera ancora più netta nel destrimane) il centro del linguaggio, soprattutto per quanto concerne la sua funzione logico-razionale, si trova nell'emisfero cerebrale sinistro, mentre la funzione emotiva, sempre relativa al linguaggio, si colloca nell'emisfero destro.

Nella donna, invece, le funzioni logica ed emotiva sarebbero più distribuite fra i due emisferi anche perché l'organo che li collega – il *corpo calloso* – è più sviluppato nel cervello femminile.

Cosa possiamo dedurre da ciò? Ad esempio che donne e uomini parlano e capiscono con sfumature e modalità abbastanza differenti: le prime hanno una maggiore sensibilità agli *effetti di senso* del linguaggio sulla sfera emotiva, i secondi hanno maggior sensibilità verso gli *obiettivi di senso*, cioè privilegiano modalità discorsive di tipo logico-argomentativo. Esiste anche una differenza fra la percezione e l'espressione emotiva maschile e femminile. In generale le donne sembrerebbero più inclini a esprimere le proprie emozioni agli altri e mostrerebbero una maggiore facilità nella decodifica degli indicatori non verbali connessi all'espressione delle emozioni altrui.

Alcuni studi hanno fornito interessanti indizi sull'esistenza di differenze di sesso nei circuiti neurali dell'empatia e aiutano in parte a comprendere la diversa incidenza tra i sessi delle disfunzioni cerebrali legate alla mancanza di empatia (per es. autismo e personalità antisociale, patologie più frequenti negli uomini che nelle donne).

La ricerca, condotta dal gruppo di Alice Mado Proverbio presso il laboratorio di Elettrofisiologia cognitiva dell'università di Milano-Bicocca, in collaborazione con Alberto Zani dell'Istituto di Bioimmagini e Fisiologia molecolare del CNR di Milano-Segrate, ha investigato l'esistenza di possibili differenze di sesso nella risposta cerebrale, indicando come le donne mostrino effettivamente risposte più marcate in confronto all'uomo alla vista di esseri umani che interagiscono socialmente (rispetto a scenari neutri).

Questo dato sembra suggerire un possibile maggiore *interesse* del cervello femminile per i propri simili, che parrebbe considerarli *entità biologicamente rilevanti*. La capacità di prendersi cura dei propri simili, e in particolare della prole, prevede infatti un interesse specifico per questi ultimi, accompagnato da frequenti contatti oculari, dal desiderio di avvicinarsi e di interagire socialmente, e soprattutto da una maggiore empatia (capacità di comprendere lo stato emotivo e le intenzioni degli altri).

Vari dati in letteratura dimostrano come le donne siano più emotive, cioè reagiscano con risposte cerebrali di maggiore entità a stimoli emotigeni (per esempio immagini drammatiche raffiguranti incidenti stradali, scene di guerra, catastrofi naturali, persone gravemente ferite, disperate, terrorizzate, angosciate, eccetera...) specialmente a livello di amigdala e di corteccia cingolata. Altri studi comportamentali hanno dimostrato come le donne siano più espressive e accurate nella decodifica dell'espressività facciale e corporea (più competenti a livello emotivo).

E ancora… Il cervello delle donne è più attivo di quello degli uomini. Ma riesce a riposare meno. A queste conclusioni è giunta scientificamente la ricercatrice canadese Adrianna Mendrek, del Dipartimento di psichiatria dell'università di Montreal, scegliendo il quotidiano francese *Le Figaro* come finestra pubblica per diffondere la sua rivelazione. Una scoperta nata per caso mentre la ricercatrice, specializzata nello studio della schizofrenia, stava esaminando i risultati diagnostici di un gruppo di pazienti affetti da tale patologia, per confrontare la loro attività cerebrale in stato di riposo e di attività.

Queste differenze che potrebbero sembrare un elenco tecnico per ricercatori e fanatici delle neuroscienze sono diventate il divertentissimo *Tale of two brains* di Mark Gungor, che tiene spassosissimi seminari sulle coppie e il matrimonio intitolati *Laugh your way to a better marriage*, di cui potete vedere spezzoni divertenti nel web e che io stessa utilizzo nei miei corsi.

Ho trovato assolutamente esilarante la metafora delle scatole nel cervello degli uomini: secondo Gungor il cervello degli uomini è organizzato a piccole scatole, scatole per tutto: per il lavoro, per l'auto, per i soldi, per la moglie e i figli, e una per la suocera da qualche parte in cantina. Ci sono scatole per ogni cosa e la regola è: "Le scatole non si toccano".

Così quando un uomo discute di un determinato argomento prende quella specifica scatola, la sfila, la apre e parla solo, esclusivamente, di quello che sta dentro quella scatola.

Poi richiude la scatola, la rimette a posto, stando attento, attentissimo a non toccare o muovere nessun'altra scatola.

Nel cervello femminile tutto è connesso a tutto, come in una gigantesca rete internet alimentata da emozioni…

C'è una scatola che gli uomini possiedono però, unica nel suo genere, e che molte donne non conoscono. Conoscerne l'esistenza ha mutato la mia visione delle cose.

Muterà, sono certa, anche quella delle lettrici di questo libro e questo sortirà un benefico effetto per i loro partner.

Questa scatola è particolare, dice Gungor, perché non ha niente dentro.

È la *nothing box*. Di tutte le scatole che ha nel cervello, la *nothing box* è la preferita dell'uomo. Un uomo ci andrebbe sempre. È la ragione per cui un uomo può fare per ore cose simili a un EEG piatto come pescare, guardare in TV il Grand Prix o fare *zapping*.

Ma la cosa più interessante è la reazione della donna che di solito chiede (l'ho fatto anche io, lo ammetto!) "Cosa stai facendo?" e alla risposta "Niente", che è la verità, impazzisce.

Di fronte allo *zapping*, urla: "Ma insomma, così non si vede niente!".

Di solito arriva la risposta laconica: "Vero, vai via", per non dire di peggio.

Questa battuta riflette gli studi dell'università della Pennsylvania sulla capacità che hanno gli uomini, a differenza delle donne, di non pensare a nulla.

In effetti se dovessimo dare un genere alla meditazione sarebbe quello maschile.

La meditazione è maschile. È femminile la danza, la mistica... questo non significa che una donna non possa meditare e un uomo non possa danzare (su quest'ultima possibilità possono sorgere dei ragionevoli dubbi andando in una discoteca).

Gli uomini oltretutto ci tengono nascosta la *nothing box*, per una semplice ragione.

Perché le donne chiederebbero subito: "Posso andare nella *nothing box* con lui?".

E la risposta è no, perché se ci andassero diventerebbe subito qualcosa.

Appena intrufolatesi comincerebbero a dire: "È tutto vuoto qua dentro! Mettiamo dei fiori, un tavolo, dei quadri alle pareti..." (www.youtube.com/watch?v=814eR5K7KD8).

È bello vedere le coppie ridere insieme di queste vignette comiche in cui è facile riconoscersi almeno un po' e andarsene via dai corsi commentando gli atteggiamenti l'uno dell'altra con una nuova complicità.

Il cervello maschile e femminile sono due mondi differenti che è straordinario conoscere, a volte divertente, a volte poetico.

In fondo è pura poesia anche l'azione degli ormoni sul cervello: quel testosterone che arriva a potare le ramificazioni neuronali e determinare l'ordine delle filiere nel cervello maschile e quegli estrogeni che per tanto tempo, ogni mese, con il ciclo ormonale, muteranno le architetture del cervello femminile, che cambia letteralmente aspetto e funzionalità con il ciclo mestruale e lunare.

È così che il cervello maschile è più simile alla roccia – che muta solo impercettibilmente di secolo in secolo, sotto l'azione invisibile degli agenti atmosferici – e il cervello femminile è di gran lunga più vicino all'essenza del cielo, che muta di continuo e costantemente cambia volto.

L'immobilità del cervello maschile va di pari passo con la mobilità estrema dei suoi gameti, la mutevolezza del cervello femminile ha come contrappunto la sferica fermezza della sua cellula uovo.

Giochi dell'energia, femminile e maschile, dentro di noi.

6. Essere singolo

Nella nostra visione singolo rimanda a *solo, separato*.

Il *single* che intorno alle 21:00 dopo il lavoro si aggira per il supermercato di una grande città cercando le monoporzioni rimaste... Il *single* che dopo vari percorsi spirituali si è risolto e dice che sta bene così.

Il *single* che devi diventare per poi formare una coppia sana...

Invece l'etimo ci conduce attraverso un percorso nascosto che rivela qualcosa di sorprendente.

Singolo: dal latino *singulus*, spesso utilizzato al plurale e in forma diminutiva *singuli*.

La sua radice fondamentale viene da *sin-e*, a indicare una condizione in cui siamo *senza*.

Già a questo punto ci sarebbe molto da dire e lo diremo.

Ma facciamo un passo oltre... *sin-e* sembra con tutta probabilità provenire dal sanscrito *sa, sa-m* (che in greco diviene *a)* indicante, guarda caso, *unità, insieme*.

Non solo, la radice si ritrova nel sanscrito *sa-krt, una volta* e riecheggia nello slavo antico *sa-logu*, in greco *a-lochos* che significano *coniuge* e ancora più propriamente *colui o colei che giace insieme!*

La stessa radice *sa, sa-m* si ritrova nel latino *semel, una volta*, e *simplex, semplice*.

Allora chi è singolo è senza, è uno e una volta, è insieme e coniuge, è semplice.

Nella radice sanscrita c'è già l'intero dispiegarsi del senso profondo di essere singoli che conduce alla coppia.

E non ha niente a che vedere con i luoghi comuni che si sentono spesso ripetere circa la necessità di risolversi e stare sulle proprie gambe per essere poi in grado di costituire una coppia che funzioni.

Come sempre il nostro intelletto cerca di definire in un pensiero razionale ciò che razionale non è e attiene a una dimensione dell'oltre.

La parabola dell'essere-senza che conduce all'essere-con come sua faccia complementare non può essere compresa se non attraverso una coscienza estesa al paradosso e alla congiunzione degli opposti.

In realtà per poter amare ed essere amato non devi essere risolto, devi piuttosto essere te perché quando ami qualcuno la cosa migliore che puoi offrirgli è la tua totale presenza e la totale presenza dell'altro è quanto di meglio tu possa ricevere.

Ma cos'è la totale presenza? E come essere in totale presenza?

Essere singoli è la risposta e, se utilizzassimo i *koan* dello *zen*, basterebbe cominciare a riflettere su questo.

Ma chi scrive non è nata in Oriente e non è un maestro zen, è piuttosto qualcuno che ha fatto della ricerca del sé e della sua espressione il pretesto di un'esistenza e ama le parole quando creano e celebrano.

Quell'essere-senza che abita nella parola *singolo* è uno stato potente della coscienza ed è il prodromo dell'autentica felicità.

Confondiamo così spesso la felicità con il divertimento o l'appagamento di un bisogno o il possesso.

Poi capiamo che questa via è vana, e sposiamo allora la via del distacco.

Poi capiamo che il distacco è spesso una difesa e lì ci areniamo.

Essere-senza non è distacco, neppure mancanza.

Essere-senza è fare il vuoto dentro di noi.

Divento singolo quando faccio il vuoto nello spazio interiore, cioè lo ripulisco dall'affollamento dei pensieri, dalle aspettative mie e degli altri su di me, dai confronti con ciò che ho e non ho, con ciò che voglio e non voglio.

Quando faccio il vuoto, allora divento singolo perché posso fare la cosa più semplice: vivere secondo la mia natura.

Divento ciò che già ero.

Sono senza, sono vuoto, sono singolo, sono semplice.

Così mi sento improvvisamente a casa dentro me, e sono felice, senza fatica e senza difficoltà.

Così permetto alla vita di sgorgare, fluire in me e attraverso me.

Senza significa *vuoto in quanto libero*, non significa *distaccato*.

Così accade che riacquistiamo la spontaneità, ciò che ci rende unici perché fa sì che ci esprimiamo per come siamo.

Quando siamo *senza*, siamo immediatamente *con*.

Quando siamo noi stessi, siamo presenti nel presente, eterni, siamo costantemente noi, siamo l'acqua che scorre e il ponte che la osserva scorrere.

Siamo una volta, ogni volta. Ogni volta scegliamo di manifestarci, un istante alla volta come irripetibile.

Nel senza tempo niente è abitudine, perché non esiste il tempo lineare che si ripete, ogni istante è una creazione, nulla è scontato e tutto è intrecciato.

Nell'eterno, nulla è separato da nulla.

Così quando siamo nel senza, siamo con, siamo insieme, giaciamo con, *con-iugi*.

Ecco che quando diventiamo singoli siamo noi stessi, liberi, spontanei.

E questo, proprio questo, fa bene all'amore.

Abbiamo creduto che facesse bene all'amore il nostro essere compiacenti, sacrificarci per l'altro finendo per dare di noi un'immagine distorta.

Invece fa bene all'amore tutto ciò che protegge la nostra autonomia, tutto ciò che aiuta la nostra realizzazione come individui ed evita la nostra dipendenza dall'altro.

Il nostro alleato in amore è la spontaneità: quanto più sappiamo evitare i comportamenti *doppi*, i secondi fini, tanto più la relazione d'amore sarà ricca e capace di esprimere tutte le sue potenzialità.

Il calcolo anche e soprattutto *a fin di bene* è la cosa peggiore: per non dispiacere, per il cosiddetto quieto vivere, per non rovinare l'intesa, siamo spesso disposti anche a pagare il prezzo di dare di noi un'immagine sbagliata.

Così, credendo di fare bene, stiamo invece minando le fondamenta dell'amore. Smettiamo di cercare di fare andare bene la relazione a tutti i costi, di cercare di tamponare le incomprensioni, di assecondare i desideri e i modi di essere del partner a costo di rinunciare ai propri, altrimenti ci sforziamo e accumuliamo così frustrazioni che prima o poi esploderanno.

Salvaguardare la propria autonomia, mantenere la giusta distanza, non dare mai nulla per scontato: questo fa un singolo.

Un singolo è se stesso in ogni momento, in ogni parola o atto. Per questo quando ama ed è amato lo fa in modo singolo, unico, poiché non può farlo come lo farebbe chiunque altro e non può essere amato per ciò che non è.

Ricordo la terribile domanda che una mia collega decise di porre al marito.

Lui la stimava moltissimo per la sua grande professionalità e il modo in cui si dedicava al suo lavoro con devozione, ma soprattutto amava la donna che diventava quando era calata in quella dimensione.

Vi erano però lati di lei che parevano non rientrare in quella frequenza e che quando emergevano sembravano far balenare una donna diversa anche agli occhi del suo amato.

In un certo senso erano dissintoni con l'armonia fluida che il resto di lei sapeva creare e il marito glielo rispecchiava, non senza un'alternanza emotiva di smarrimento e talvolta anche disagio.

Eppure erano anch'esse parti di lei... e lei provava una forma di strisciante risentimento, una sensazione di rifiuto per quello che le pareva un volerla diversa, un'accettazione solo parziale della sua natura.

I labirinti delle proiezioni sono geroglifici da decodificare.

Così un giorno a bruciapelo fece al marito la terribile domanda: "Tu mi ami perché sono la dottoressa o mi ami perché sono io?".

Il marito tentò una risposta immediata, sbottando quasi di disappunto e senza alcuna esitazione, per dirle che non c'era differenza, ma lei lo fermò.

Non era la risposta di cui aveva bisogno. Era la domanda ciò che le serviva.

Non si può sapere perché si ama qualcuno, lo si può dire, ma sono solo idee della mente a posteriori di un miracolo.

Qualsiasi cosa le avesse risposto il marito, sarebbe stato un pensiero che cerca di ridurre un progetto divino che si compie nell'amore.

Ma la domanda, quella no, quella era misteriosa come l'amore, fatta della stessa pasta dei simboli.

Era tutto dentro di lei, era lei che scindeva identità di sé, fra la parte professionale e la parte personale, era lei che non si permetteva nel personale ciò che permetteva nel professionale.

La domanda aveva illuminato la scissione interiore e l'aveva ricomposta.

Seguirono dei sogni e ve li racconterò strada facendo.

Ciò che conta è che essere singoli significa anche essere uno, nel senso di andare oltre le proprie identificazioni e le scissioni in parti e in ruoli che attuiamo nella nostra vita.

Quando esco dal mio studio, dopo anche dodici ore in cui sono stata la dottoressa Poli, camminando verso casa, con Zoe al guinzaglio, ripeto a me stessa come un mantra "Sono nessuno" e ritrovo la mia unicità, inviolata.

Solo questa voglio donare a chi amo.

Così chiedetevi: *Desidero/amo/sto con quella persona per ciò che è o per ciò che rappresenta? Per il ruolo che riveste o per quello che è?*

E soprattutto chiedetevi: *Sta con me per ciò che sono o per come mi presento? Per come mi atteggio? Per quello che le faccio credere di me?*

In questo è compreso anche come la compiaccio per non perderla, anche i sacrifici che faccio per il rapporto.

Chiedetevelo non perché dobbiate rispondere, ma per la forza che la domanda avrà nel trasmutare il vostro stato di coscienza.

Il singolo sa che l'amore fa bene.

Sa che non può essere mai davvero risolto, può solo essere se stesso e l'amore arriverà ad aggiungere qualcosa, sarà come una gravidanza del proprio essere da cui nascerà una nuova espressione di sé.

Il singolo rifugge dall'amore che tormenta e fa male perché una forma simile di amore non è appannaggio dei singoli.

Nel libro *L'effetto luna di miele* Bruce Lipton utilizza una metafora mutuata dalla chimica che mi risulta davvero utile per spiegare cosa intendo con *essere singoli* in questa accezione.

I gas nobili (anche detti *gas rari*) sono dei gas inerti che costituiscono il diciottesimo gruppo della tavola periodica degli elementi. Sono costituiti da atomi con gusci elettronici completi. Ne fanno parte i seguenti elementi:

- Elio;
- Neon;
- Argon;

- Kripton;
- Xeno;
- Radon;
- Ununoctio.

Il termine *gas nobili* deriva dal fatto che essi evitano di reagire con gli elementi *comuni*, esibendo un atteggiamento attribuito comunemente alla *nobiltà*. I gas nobili venivano anche chiamati *gas inerti*, ma il termine non era accurato, in quanto alcuni di essi hanno mostrato di prendere parte a reazioni chimiche.

La metafora dei gas nobili è una buona metafora per i singoli: a differenza di tutti gli altri elementi che, avendo gusci elettronici incompleti, sono dunque instabili e devono per forza legarsi a un altro elemento per stabilizzarsi dipendendo così dal legame, i gas nobili non hanno bisogno di legarsi a nessuno.

I gas nobili non si legheranno mai a elementi di un altro gruppo.

Si legano solo tra di loro, ma quando sono eccitati: se ricevono una scarica elettrica o un fascio di elettroni li attraversa si eccitano, cioè innalzano il proprio livello di energia formando appunto i *dimeri eccitati*.

Il dimero eccitato emette luce a propria volta (è il principio della luce laser).

Allora capite che il singolo non potrà mai legarsi a chi singolo non è, per sua stessa natura.

Potrà solo legarsi a un altro singolo... e quando? Quando avrà un *plus* di energia che lo attraversa.

Allora la coppia che forma il singolo non è dettata da una carenza ma da una ricchezza, non da un meno, ma da un più che porta a creare una diade, la quale a propria volta dona altra luce all'esterno.

Allora potete ben comprendere che non si tratta di essere singoli in quanto risolti per amare bene, perché comunque l'amore aggiungerà qualcosa, esattamente come l'unione di due atomi di un gas nobile produce la luminescenza.

Il punto è che il singolo è monoatomico e stabile e sceglie di unirsi a un altro singolo.

Sceglie, non desidera o ha bisogno.

Sceglie. E perché?

Perché appunto l'amore fa bene, perché l'amore ci porta l'ardore e il fuoco.

È un interruttore che quando si accende dà inizio a una nuova gravidanza del nostro essere. Si attivano nuove capacità, la vita diventa più facile, ti ritrovi a fare cose che prima non facevi, tutto ti viene più naturale e scopri talenti che non sapevi di avere.

Naturalmente questo accade nella dimensione di singolarità di cui stiamo parlando.

Qui sei singolo e vuoi rivelarti a te stesso.

Ecco che l'amore allora ti conduce in un'area creativa, il tuo stesso cervello risponde all'amore con l'attivazione di un nuovo funzionamento, maturando capacità che erano prima ignote.

In questa nuova attitudine creativa del cervello si valorizza la fioritura del tuo essere, si realizza al meglio la tua natura.

I due gas nobili, uniti, si eccitano ed emettono luce.

In amore il cervello inizia a produrre una serie di sostanze che giungono persino per curare, per generare il piacere, per proteggere e preparare il nostro sviluppo interiore.

E di fase in fase ecco mutare le sostanze: la serotonina, ingrediente base per la ricetta *innamoramento*, in cui il cervello per breve tempo somiglia un poco a quello di chi ha un'ossessione; la dopamina, protagonista del vissuto del piacere; l'ossitocina, ingrediente indispensabile per la pozione *unione stabile e gratificante*.

Quando l'amore è vero e sano, il singolo lo capisce dal corpo.

Il corpo *innamorato*, infatti, trasmette i segnali esteriori di quella illuminazione dei gas nobili: gli occhi sono più luminosi, il viso diventa radioso, la pelle è più liscia, il nostro corpo esprime una condizione di benessere.

Innamorati siamo più magri, abbiamo più energia, siamo ringiovaniti, lavoriamo persino meglio: questo è lo *stato di grazia* che solo l'amore vissuto nel modo giusto può regalare.

Una scarica di benessere investe tutto il corpo: vie respiratorie, sistema immunitario, muscoli, cuore.

L'amore è una sostanza terapeutica a tutti gli effetti.

Ho visto personalmente normalizzarsi la pressione sanguigna in molti casi in cui già da tempo era presente una cronica ipertensione, perché lo stato di felicità amorosa rallenta il battito cardiaco e normalizza la pressione arteriosa.

Moltissimi studi, citati ad esempio nel libro di Roberta Lee *La sindrome da superstress* e nel libro *Guarire* di David Servan Schreiber, rivelano come l'amore felice, esercitando un effetto benefico sul sistema cardiocircolatorio, riduca il rischio di patologie del cuore, infarto in primo luogo, così come al contrario la morte del coniuge o l'isolamento affettivo siano fra i più alti fattori di rischio per mortalità.

Uno studio del *British Medical Journal* ha dimostrato che la sopravvivenza media in uomini anziani che avevano perso la moglie era significativamente e di molto inferiore rispetto ai coetanei la cui compagna era ancora in vita.

In un altro studio, uomini affetti da patologie cardiovascolari che avevano risposto "Sì" alla domanda "Sua moglie Le dimostra il suo amore?", avevano due volte meno sintomi rispetto agli altri.

L'amore della moglie è risultato protettivo anche rispetto alla presenza di fattori di rischio come ipercolesterolemia, stress, ipertensione.

Di contro, uno studio longitudinale condotto su ottantacinquemila maschi per cinque anni ha dimostrato che è *meglio* essere fumatore, iperteso, stressato che non amato dalla propria compagna: infatti, di questo campione, gli uomini che avevano ammesso di non sentirsi amati dalla moglie sviluppavano ulcera con una frequenza tre volte superiore agli altri.

Non che per le donne le cose vadano diversamente: su mille donne con recente diagnosi di cancro al seno si sono riscontrati decessi due volte superiori fra quelle che riferivano assenza di supporto affettivo da parte del partner.

Uno studio ha rivelato come le donne che si sentono disprezzate dal partner tendano a contrarre infezioni (compresa la banale ma fastidiosa influenza, la cistite, i disturbi intestinali) con maggiore frequenza.

In definitiva, un'appagante vita di coppia rientra nei fattori determinanti il benessere e la longevità.

L'amore come sostanza terapeutica rigenera anche le cellule nervose e mette al riparo da danni neurodegenerativi.

Fra le tante ipotesi eziopatogenetiche dell'Alzheimer e del Parkinson vi è anche quella psicosomatica dell'assenza dalla vita e dall'amore.

Così accade, e dal punto di vista clinico posso dire di averlo visto molte volte davvero, che l'esordio di un Alzheimer (eccezion fatta per gli Alzheimer familiari a esordio precoce dove la trasmissione genetica e transgenerazionale la fa da padrone) sia andato di pari passo con una forte disillusione o una forte sofferenza inflitta da chi amiamo, vissuta come un tradimento, o con vergogna, che ha staccato la persona dalla vita, ponendola nella posizione di chi non ne vuole più sapere nulla, di chi si disinteressa e usa il non sentire, non sapere, non capire e non ricordare per difesa.

Uno stato in cui si concreta il distacco dalla vita, la disconnessione che anticipa la morte.

Così ho visto moltissimi casi di Parkinson collegarsi alla rigidità di una coppia fatta di doveri e rassegnazione, dove non esiste o ha smesso di esistere il piacere, dove le emozioni si reprimono e la rabbia per ciò che non va è tutta chiusa dentro, imprigionata e imbrigliata da vincoli e obblighi, che trattengono e lasciano uscire solo il tremore.

Eppure so che tanti di voi, mentre leggono queste parole, staranno pensando che non è così, che l'amore li ha fatti stare male, piangere, diventare ansiosi, perdere la concentrazione, mangiare per consolarsi e così via. È per questo che gli esiti dell'amore dipendono dal nostro stato di coscienza e ne parliamo.

Perché accada che l'amore abbia gli effetti benefici e prodigiosi di cui abbiamo parlato bisogna conoscere le leggi dell'amore che sono quelle dell'essere singoli.

Proverò a stendere un piccolo *vademecum* del perfetto singolo, che è dunque il perfetto candidato alla coppia.

Smette di fare progetti e previsioni, rispetta le leggi dell'amore che non sono quelle dei ragionamenti e delle aspettative.

Se la relazione diventerà un progetto sarà l'amore a farlo accadere.

Così facendo permette al proprio cervello di andare incontro ai naturali cambiamenti che naturalmente l'amore porta, anche a livello neurotrasmettitoriale, e che produrranno una trasformazione delle sue funzioni naturali invece che sovraccaricarlo di progetti inutili che aumentano il controllo della corteccia frontale anziché promuovere l'attivazione prefrontale.

L'unico intento che il singolo ha è sviluppare il proprio progetto interiore, il volo della sua anima, cosa che fa in modo arrendevole, accettando di diventare ciò che è sempre più invece che lamentandosi di ciò che non è.

Il singolo sa che è l'amore che si innamora di noi per manifestarsi ancora.

Non tradisce mai l'amore, cioè non cerca di controllarlo e farlo diventare quello che pensa che dovrebbe essere.

Accetta l'amore con le sue contraddizioni apparenti, fa pace con se stesso e con l'altro, perché permette a se stesso e all'altro di essere quello che si è.

Pensa non "Come voglio che sia", ma "Quali nuove sorprese mi porterà?".

Non si concentra sulla propria storia passata, ma vive il presente e si apre al futuro.

Ciò significa che abbandona la metodologia classica della mente che apprende dall'esperienza, ma poi riapplica la lezione di ieri all'evento di oggi ("Poiché sono sempre stata tradita, gli uomini sono infedeli e ora non mi fido più", ottimo modo per immettere la sfiducia nella nascente relazione, il che produrrà una relazione falsa che verrà riutilizzata dalla mente per dire a se stessa: "Hai visto? Avevo ragione").

Il singolo piuttosto si guarda dentro con gli occhi di chi si vede per la prima volta.

Se lo fa con se stesso lo farà anche con il partner che ne sarà gratificato e invogliato a farlo a propria volta e a manifestarsi sempre nuovo (come intuite questo gioco è molto meglio dell'acquisto di *lingerie* sexy per ravvivare il rapporto).

Non ha obiettivi, non ha giudizi, ciò che non va si elimina da solo perché il singolo non si mette mai in una posizione che non è la sua e se prova disagio fa i conti con se stesso e non con l'altro o se ne parla all'altro è per fare i conti con se stesso.

Nel frattempo accade che l'altro – mentre si presta ad aiutare il partner a fare i conti con se stesso – fa a propria volta i conti con se stesso (sorridete su questo, per favore).

Il singolo non lotta contro nulla, come potrebbe se tutto è se stesso? Si osserva senza giudicare e pratica la meravigliosa arte della cedevolezza, quintessenza della forza.

Non limita mai il fluire della vita, molto rischioso e anche parecchio faticoso.

Accetta ciò che la vita porta, nel senso che comincia a non evitare di sentire il dolore, ma questo sarà un tema che svilupperemo più avanti.

Accetta anche di sentire la paura, il che equivale a farla sfumare, ma anche questo è un tema che richiede una precisa trattazione che troverete nei prossimi capitoli.

Come ho già spiegato, il singolo si ricorda di essere nessuno.

Sta in silenzio, scende una volta al giorno nella sua cantina, dove ripete a se stesso che è nessuno e che ha tutto (provare per credere).

Un giovane uomo decise di rivolgersi a un terapeuta perché così innamorato di una ragazza da voler trovare il modo di convincerla a sposarlo il più in fretta possibile, sicuro di non poter vivere senza di lei.

Sentita la questione, il terapeuta fu perentorio: la lasci immediatamente.

Molto contrariato, il giovane se ne andò ripromettendosi di non rimettere più piede da un folle come quello.

Ma la ragazza non ne voleva sapere di sposarsi così in fretta e il giovane, stizzito e offeso, decise di non vederla per un po'.

Dopo qualche mese, suo malgrado, si ritrovò a fissare un altro appuntamento dal terapeuta.

Come fu fatto accomodare gli disse: "Aveva ragione Lei! Sono già alcuni mesi che non ci vediamo e ho scoperto che posso vivere senza di lei! È vero, non dovevo sposarla affatto!".

"Allora la ricerchi subito e veda di sposarla il più in fretta possibile!", fu la risposta.

7. Essere coppia

Coppia non si nasce, si diventa? O coppia si nasce e poi si diventa coppia?

Secondo il mito platonico del sinolo, in una lontana origine, l'essere umano era un uno, un intero, maschile e femminile.

Reminiscenze mitologiche, che immaginavano l'essere umano con una forma piena e rotonda, con quattro braccia, quattro gambe, una testa con due volti e due organi genitali. Poi Zeus, invidioso, tagliò in due il sinolo.

Dopo la divisione (dal greco *dia-ballo*, da cui *diavolo*, *separo*) le due metà irrimediabilmente separate e sparpagliate per il mondo hanno continuato e ancora continuano a cercarsi: l'individuo è così simbolo di un essere che anela alla propria ricomposizione (dal greco *sun-ballo*, da cui *simbolo*, *unisco*).

È solo Eros che può ricondurre allo stato primigenio.

Da allora l'unione di coppia è un simbolo, allora essere coppia è per forza di cose e inevitabilmente essere simbolo.

Da qui discendono considerazioni che forse muteranno completamente la vostra prospettiva, come l'hanno mutata in me e come l'hanno mutata in chi ha scelto di percorrere con me un pezzo di questo viaggio.

"La nostra mente è una mente relazionale", dice Siegel; "La nostra anima è bisessuale, in fondo", ci insegna Jung, che ritrova un *Animus* nella donna e un'*Anima* nell'uomo.

In ognuno di noi è costante il dialogo interiore e la stragrande maggioranza di noi cerca in fondo la relazione in ogni situazione che vive.

Il neonato segue con gli occhi chi si prende cura di lui ed è formidabile nel riconoscimento della voce e degli atteggiamenti di chi lo accudisce.

Cerca attaccamento, e l'attaccamento, che gli è necessario per la sopravvivenza, perché qualcuno si prenda cura di lui – lo copra dal freddo, lo nutra per crescere – sarà la cifra di tutta l'esistenza terrena.

Sarà così che le vicissitudini dell'attaccamento si rifaranno vive nella vita di coppia.

Semplice e potente.

Eppure stare in coppia è difficile.

L'errore è già nelle parole: *stare in coppia*.

Non si sta in coppia come due che stanno da qualche parte, perché la coppia si fa, accade, non è che, una volta che l'hai formata, è lì come un luogo dove fermarsi.

La coppia è un terzo stato che muta i due.

È un simbolo, fatto apposta per unire mondi differenti che da soli non potrebbero dialogare assieme.

Corpo e spirito, eros e psiche, giorno e notte, visibile e invisibile, stabile e instabile, forte e fragile, nuovo e consueto.

Non si può che dire *essere coppia*, perché la coppia non è la somma di due ma un'altra dimensione, "un terzo intersoggettivo", direbbe Hogden, il sinolo di Platone, essere che vive di un'esistenza propria, fatto in modo proprio, con la sua fisiologia e la sua natura.

Essere coppia significa diventare un altro essere.

Impressionante? Forse un poco... immaginate che quando state con qualcuno, se siete coppia, nel mondo dei simboli siete un essere con quattro gambe e quattro braccia, due volti, due genitali... due visioni della vita, due copioni emotivi, due storie, due famiglie...

Sono certa che se la pensate in questo modo vi sarà molto più facile fugare i dubbi relativamente al partner giusto per voi... è quello di cui potreste in effetti tollerare di avere nel vostro corpo braccia, gambe, madre, padre, fratelli, idee, etc.

Non già perché nella coppia si debba diventare simbiotici, ma perché essere coppia significa semplicemente, e al tempo stesso terribilmente, dire sì all'altro.

Allora seguiamo una coppia mentre lo diventa.

La prima questione riguarda le credenze.

Giorni fa sedeva davanti a me in studio una giovane donna.

Dotata, intelligente... nell'anima una ballerina di flamenco.

Insomma, una donna candidata a incarnare perfettamente la forza del femminile.

Lunghi capelli scuri, occhi magnetici.

Cosa dovrebbe temere una donna così? Invece no, eccola dibattersi fra storie più o meno complicate, incontrare uomini tormentati, problematici che aiuta a stare meglio ma poi lascia.

Mi dice sconsolata: "Oggigiorno gli uomini sono tutti così. Sento anche le mie amiche, un disastro. Ogni tanto fra noi ci diciamo che forse dovremmo fare a meno di loro, in fondo stiamo meglio tra noi… loro sono così deludenti, così vittime, insicuri, pesanti, pieni di problemi".

Credenze. Frutto dell'esperienza, sì, è vero, ma pronte a condizionare l'esperienza che ha da venire.

Quando le ho chiesto perché non avrebbe potuto riservare un ragionevole dubbio sulla natura degli uomini che aveva ancora da incontrare, mi ha guardato perplessa.

Ancora di più quando le ho detto che sarebbe stato ancora meglio stare in una posizione curiosa… qualcosa del genere "Vediamo come sarà la persona che incontrerò"… ancora di più quando le ho detto che se avesse iniziato a ripetersi che stava per incontrare un uomo piacevole e divertente avrebbe avuto molte probabilità che accadesse.

Eppure è così, non ce ne rendiamo conto ma la mente ha una programmazione che condiziona ciò che vediamo della realtà, come la vediamo, cosa o chi selezioniamo tra le infinite possibilità che ci si pongono di fronte e così via.

Quando ci permettiamo di iniziare a creare la realtà attraverso le nostre credenze, rinnovandole, trasformandole, allora la vita comincia a essere un gioco più divertente perché abbiamo la possibilità di avere un ruolo in questo gioco.

Dunque se avete intenzione di vivere l'esperienza della coppia, cominciate a chiedervi quali sono le convinzioni che vi stanno guidando.

La seconda questione riguarda lo stato *mindful*.

Come era solito dire Shakespeare, *"expectation is the root of all hearthache":* cominciamo a frequentare una persona e, prima ancora di averla vista qualche volta, ecco che partono le aspettative.

Cominciamo subito a entrare nella dinamica di ciò che secondo noi la persona dovrebbe fare: ci deve chiamare, messaggiare subito… oppure invitarci a cena… persino baciarci in un certo modo e così via.

Senza contare le proiezioni e le indagini più o meno subliminali su cosa pensa dell'amore, della fedeltà e via discorrendo.

Ricordo un giovane ragazzo, molto colto, anche dedito a studi spirituali e filosofie orientali, condivisi con la famiglia, mi diceva che, proprio sulla scorta delle sue conoscenze spirituali, riteneva di fare bene mettendo subito in chiaro, con la ragazza con la quale iniziava una relazione sentimentale, una serie di *regole* del rapporto, fra le quali anche il fatto che ci dovesse essere massima sincerità e che piuttosto che tradire fosse meglio dire all'altro che si provava un desiderio o un'attrazione per un'altra persona.

Nulla da dire su questo, sono opinioni personali, ed è giusto che ognuno abbia le proprie.

Ma cosa dire della *mindfulness* qua? Se essere *mindful*, come insegna *in primis* il mondo buddista, vuol dire essere presenti, senza giudizio, stare esattamente dove si è, sentire ciò che c'è qui e ora, come si poteva accordare con regole di comportamento da applicare?

Non a caso l'ultima fidanzata, dopo aver – se così possiamo dire – *acconsentito* all'accordo, aveva fatto tutto il contrario, tradendo e mentendo.

Ma come dicono negli USA, *"What you resist will persist"*: vuoi ingabbiare la vita nelle regole, per quanto buone esse siano? La vita le infrangerà.

Questa arrendevolezza, questa attitudine liquida e cedevole che, come l'acqua, ci permette di fluire attraverso le forme del reale, è in realtà anche il segreto della più profonda autoprotezione.

Meditare sull'amore, essere *mindful* nell'amore che comincia, applicare la *mindfulness* nell'ambito dell'amore e delle relazioni significa accedere a una via privilegiata di conoscenza, indipendentemente dalla fase che stiamo attraversando, con la possibilità di rilassarci in tutti gli stadi dell'amore, lasciando andare il dolore delle aspettative, praticando la curiosità e la presenza, uniche vie per cogliere informazioni preziose, distinguere le relazioni che ci fanno bene, autentiche, genuine e che ci fanno crescere da quelle che invece possiamo lasciare andare.

Ascoltarsi, questo è il segreto. Conoscersi in modo *mindful*, questo lo strumento.

Quando usciamo con qualcuno, invece che passare il tempo a crearci aspettative e cercare conferme perché non ci mettiamo in ascolto di noi stessi?

Questo è il miglior modo per sapere se chi stiamo frequentando va bene per noi oppure no.

Quante volte, lavorando per sette anni al Soccorso Violenza Sessuale e Domestica (SVSD) del Policlinico di Milano, mi sono sentita raccontare di primi appuntamenti costellati da sensazioni di paura cui la persona non aveva dato peso, ma che alla luce di successive violenze e minacce erano apparsi come indizi che un'attitudine *mindful* avrebbe saputo riconoscere...

Qui entra in gioco anche potentemente l'intelligenza del corpo: non scorderò mai quella paziente che alla luce di una sanguinosa separazione dal marito mi raccontò di un terribile *herpes* vaginale che l'aveva colpita dopo aver fatto per la prima volta l'amore con lui da fidanzati e al quale non aveva dato peso.

Sono tante le teorie sulla scelta del partner, e non vorrei soffermarmici più di un tanto.

Le trovate nei manuali di psicologia.

Sono piuttosto noiose, a dire il vero, anche se hanno una certa sensatezza.

Scrive Freud: *"La scelta oggettuale è guidata dall'inclinazione sessuale, abbozzata nell'infanzia e rinnovata nella pubertà, verso i genitori e le persone che hanno cura del bambino, e [...] questa scelta è distolta da quelle persone verso altre a loro simili dalla barriera che si è venuta formando contro l'incesto"*.

Studi sull'interazione di coppia hanno ulteriormente approfondito le modalità della scelta del partner, enunciandone due principali: la scelta per complemento e quella per contrasto (Dicks 1967). Nel primo caso (e nella modalità più semplice), i partner, identificatisi più o meno con l'immagine del genitore dello stesso sesso, scelgono l'altro sulla base della proiezione reciproca dell'immagine del genitore del sesso opposto. Nel secondo caso la scelta avviene – come dice la parola stessa – in contrasto con l'immagine interna del genitore. Questi processi, qui descritti in modo schematico, sono in realtà molto complessi, così come estremamente varie e composite sono le relazioni tra le coppie (e le loro identificazioni). Si può osservare, tuttavia, che le relazioni sane sono quelle in cui è possibile un adattamento da parte di ciascuno, o di almeno uno dei due partner, fra le proprie immagini interne e la personalità reale dell'altro, e in cui c'è una valorizzazione narcisistica reciproca, insieme al bisogno di scambio. Nelle relazioni patologiche, invece, il rapporto è utilizzato difensivamente da ciascuno dei due membri della coppia per tenere sotto controllo aspetti angoscianti e devastanti: in questi casi si tratta di una vera e propria *collusione*, che spiega perché tante coppie, pur tra litigi e sofferenze reciproche, non riescano a dividersi (Dicks 1967).

Altra teoria interessante riguarda la posizione che prenderete nella relazione.

Siete cioè in una relazione genitore-figlio/figlio-genitore o paritetica?

Sentite che il vostro partner vi tratta come un figlio, si pone nella posizione di sapere cosa è meglio per voi e di guidarvi e voi cercate protezione e approvazione, o viceversa, oppure siete due pari che vivono una complicità e una condivisione di intenti?

Sappiamo che il modo di scegliere il partner segue un copione e in ogni copione ci sono gli attori di cui ognuno di noi ha bisogno per portarlo avanti.

"Tutto il mondo è un teatro e tutti gli uomini e le donne non sono che attori: essi hanno le loro uscite e le loro entrate; e una stessa persona, nella sua vita, rappresenta diverse parti".

(William Shakespeare)

Ne ha riparlato Berne, padre dell'Analisi transazionale. Ognuno di noi, affermava, scrive il suo copione entro i primi sei-sette anni di età.

Il copione è un piano di vita che si basa su una decisione presa durante la prima infanzia, rinforzata dai genitori, giustificata dagli eventi successivi e che culmina con una scelta determinante.

Ognuno riceve dai genitori *messaggi* che vengono fatti propri e che continueranno poi ad agire dentro di sé inconsapevolmente nel corso della vita, condizionandone il comportamento. La scelta del partner è un insieme di *vuoti* e di *pieni*, di *attenzioni* o *disattenzioni*. Ognuno si trova nella posizione di un impresario: l'uomo cerca la *prima donna* che sappia recitare la parte prevista nel suo copione, e la donna cerca un *primo attore* per il ruolo che si adatta al suo copione. Durante il periodo di prova vengono selezionati i candidati capaci di dare risposte appropriate, ed esclusi gli altri.

Poi arriva la prova dei giochi. Fra i candidati la scelta finale cadrà su chi sta al gioco. In definitiva una coppia funziona se entrambi hanno copioni complementari.

Berne elenca alcuni giochi classici che si fanno in coppia: *Spalle al muro*, *Burrasca*, *Il tribunale*, *Tutta colpa tua*, *Non è la volontà che mi manca* e *Non è così tesoro?*

Berne illustra anche il percorso di alcuni rapporti usando le lettere dell'alfabeto, A, H, O, S, V, X, Y.

Un rapporto A inizia come un fulmine a ciel sereno o con una soluzione di ripiego. La coppia è disunita, ma ben presto trova qualcosa in comune, che può essere un bambino. Questo vincolo è rappresentato dal trattino trasversale della A. Coll'andare del tempo i due si avvicinano sempre più finché alla fine si ha la vera unione di intenti, rappresentata dal vertice della A.

Un rapporto H incomincia allo stesso modo, ma i due membri della coppia non si avvicinano mai, e il rapporto è tenuto assieme da un solo legame comune. Se mancasse questo, entrambi prenderebbero una direzione diversa.

Un rapporto O gira su se stesso, in un circolo vizioso, e ripete sempre lo stesso processo finché viene spezzato dalla morte o dalla separazione.

Un rapporto S vaga in cerca di felicità, e alla fine termina leggermente al di sopra e a destra del punto di partenza, ma non può mai spingersi più lontano, e questo lascia i due partner delusi e confusi.

Un rapporto V inizia con una coppia molto unita, ma immediatamente i due cominciano a separarsi.

Un rapporto X inizia come quello A però a un certo punto c'è un solo periodo di felicità. I due aspettano che si ripeta, ma non si verifica più, e in breve essi si dividono di nuovo per non riunirsi mai più.

Un rapporto Y incomincia bene, ma le difficoltà si moltiplicano, e alla fine ciascuno dei due trova degli interessi separati e se ne va per conto proprio.

Il rapporto I, aggiungo io, quello che comincia bene e prosegue su un'unica linea retta, esisterà?

Al di là di tutte queste teorie mentali esistono alcuni piccoli segnali che fin da subito ci aiutano a capire se siamo veramente di fronte alla persona giusta per noi.

In gioco non ci sono soltanto le affinità di gusti e l'identità di vedute: queste sono faccende che attengono solo all'aspetto mentale della relazione, alla superficie.

Qui si tratta di atmosfere, che vanno percepite, con qualità sottili.

Quando i minuti non contano e i giudizi non affiorano, allora siamo in presenza di un incontro d'amore.

Infatti l'amore vive nel senza tempo, in una dimensione infinita ed eterna, dove contano solo la voglia e il piacere di stare insieme e si sta bene senza un motivo.

Se siete in atteggiamento *mindful* sarete in grado di percepire le vostre sensazioni e riconoscere se nei primi incontri siete a disagio, non nel senso che potreste percepire la carica emotiva, quasi il potenziale sovversivo per le vostre abitudini e certezze, segnale di un potenziale ottimo incontro d'amore, ma nel senso che siete appesantiti, annoiati, senza vita, trascinati in una dinamica del passato, in una cena di piombo dove non vi sentite nei vostri panni, o percepite che vi viene subliminalmente richiesto di essere diversi da ciò che siete.

Anche se – come si dice – sulla carta ci sono tutti i requisiti, in casi come questi fuggite.

Molto spesso invece, e purtroppo, appena incontriamo qualcuno ci facciamo prendere dal bisogno.

Bisogno di una relazione… bisogno di dimostrare che siamo capaci di avere qualcuno, e così via.

Bisogno anche di catalogare nell'archivio delle nostre esperienze passate il nuovo arrivato: sarà il grande amore? O un amore di passaggio? O un'avventura? Pensiamo che dargli il nome che gli spetta possa aiutarci a viverlo al meglio. Viviamolo e basta, senza commentarlo o fare paragoni, viviamolo in modo *mindful*.

Dopo aver affrontato le credenze e abbracciato una prospettiva *mindful* per cominciare al meglio l'avventura di una nuova relazione, siamo nella fase della conoscenza che cresce.

Ma cosa significa *conoscersi*?

Tante cose… o forse una sola.

I Toltechi – come raccontava mirabilmente Alessandra Comneno presentando il suo libro *Pratiche sciamaniche*, Anima Edizioni, che raccoglie l'esperienza di anni e anni vissuti a contatto con lo sciamanesimo sudamericano insieme al marito – sono soliti salutarsi guardandosi e dicendosi qualcosa che potrebbe essere tradotto con "Io ti vedo, tu sei me".

Ecco, la conoscenza reciproca dovrebbe essere questo: io vedo l'altro e ho il coraggio e l'onestà di vederlo davvero, non di vedere quel che voglio vedere, e poi ho l'ulteriore coraggio di vedere che è me, un mio riflesso.

D'altronde, lo dicevano, anche le nostre nonne... "Dimmi con chi vai e ti dirò chi sei", e anche gli alchimisti, *"Similia similibus solvuntur"*.

Inutile che ci lamentiamo di chi troviamo sul nostro cammino, non è altro che uno specchio di noi, o meglio, della fase in cui noi ci troviamo, dello stato di coscienza in cui siamo.

Ciò non significa che non possiamo cambiare, se cambieremo dentro di noi cambierà la natura di chi incontriamo, ma non sarà lamentandoci del fatto che chi incontriamo non va bene per noi che supereremo ciò che non ci piace, perché quel qualcosa che di quella persona non ci piace, ci fa soffrire, ci fa rabbia, è un riflesso di noi, è una parte di noi che non vediamo o è esattamente ciò che ci serve per far emergere un lato di noi o trasmutarlo.

A questo punto, prima o dopo che siano trascorse le fatidiche quattro stagioni, ci mettiamo assieme.

Fase ardua, connotata da dubbi circa il ruolo del partner, che non sempre coincide nella mente dei due soggetti coinvolti.

Qualcuno si sente già fidanzato, qualcuno vuole sentirsi ancora libero e in fase di sperimentazione... sempre la mente con i suoi programmi.

Per qualcuno questa fase comincia con il primo bacio, per qualcuno con il primo rapporto sessuale, per qualcuno non comincia neppure dopo molti baci e molti rapporti sessuali e neanche quando lei ha lasciato i suoi effetti personali a casa e si ferma a dormire sei notti su sette la settimana.

Perché sembra così difficile innamorarsi e mettersi assieme? Perché innamorarsi è un fatto dell'anima e mettersi assieme comporta una manifestazione nel reale.

L'anima ama i rituali e le attese, i segreti e i sogni.

Tutto poco consono alla frenesia di un reale che corre e non si ferma mai.

Ho seguito per qualche tempo una giovane donna, che mi raccontò di qualcosa che le stava accadendo e che le sembrava così strano da richiedere un confronto con lo psichiatra.

Durante una lunga permanenza negli USA per lavoro, lei quasi quarantenne e in carriera, aveva conosciuto un giovane studente universitario, di religione mormone.

Beh, era scattato qualcosa e nonostante la differenza di età i due avevano cominciato a frequentarsi sempre più assiduamente.

Il fatto strano che lei mi riportava non era che lui non volesse avere rapporti sessuali – era ciò che la sua religione prescriveva, e non entriamo qui nel merito dei credo religiosi – ma che a lei, che mai lo avrebbe detto, la cosa fosse piaciuta e non già perché si sentiva rispettata o cose simili, ma per la dimensione dell'attesa e del mistero che ne era scaturita.

Parlarsi, conoscersi e attendersi per un appuntamento con gli spiriti e i corpi.

La questione non riguarda tanto il fatto di quando avere rapporti sessuali con una persona che si frequenta, ma la dimensione del segreto, dell'attesa, della fantasia.

Senza questa dimensione anche il rapporto fisicamente più appagante finirà per diventare ripetitivo.

È innegabile che l'anima ami i rituali e le tradizioni perché parlano il linguaggio antico dei miti che la raccontano.

Il sesso è l'amore perché facendo l'amore facciamo accadere il prodigio del trascendente che si incarna e dell'incarnazione che trascende se stessa.

Così, quando è iniziata una relazione dovremmo prenderci cura della sessualità come di un canale profondo e rituale dello stare insieme.

E, paradossalmente, questo significa sia abbracciare la dimensione più spirituale della sessualità sia conoscere bene l'anatomia e la fisiologia dell'erotismo umano.

Quante volte mi sono trovata a spiegare a coppie, ma anche a singoli, l'anatomia umana e soprattutto l'anatomia genitale femminile, che è un mondo vasto e fascinoso: i percorsi unici e irripetibili che in ogni donna il nervo pudendo, con i suoi rami perineale e dorsale del clitoride fa, sono alla base delle sue differenti risposte sessuali, a differenza dell'innervazione del pudendo maschile che appare sovrapponibile in ogni uomo.

Il mondo del femminile con la sua innervazione polimorfa, gli orgasmi clitoridei, vaginali e uterini, è l'anticamera dell'estasi per lei quanto per lui che la sostiene e la sospinge alla riva del sentimento oceanico che abita negli orgasmi traboccanti di una donna appagata.

Solo così potremo accedere alla sessualità più mistica o alchemica di cui parlerò nell'ultima parte del libro.

Per iniziare ad approfondire, però, intanto potreste cominciare a leggere i testi che, non senza un sorriso ironico, visti i titoli, spesso suggerisco di leggere alle coppie, ma anche ai singoli che mi si rivolgono: *Vagina* di Naomi Wolf, Mondadori e *Orgasmi* di Jenny Hare, Vallardi.

Così vi siete incontrati, al di là delle credenze, ascoltati in modo *mindful*, innamorati e messi assieme... avete fatto l'amore... ora dovrebbe giungere il tempo del litigio.

C'è chi dice che una coppia non è una coppia se non ha litigato almeno una volta, chi dice che l'amore non è bello se non è litigarello, e così via...

Siamo in un'era nella quale tuttavia certe categorie mentali dovrebbero essere superate.

Intendo dire che dovremmo guardare al litigio come a una delle espressioni possibili della coppia e nulla più.

Non è necessariamente negativo, non va cercato, ma neppure rifuggito.

Il punto è che bisognerebbe saper litigare e di questo mi occuperò nella prossima sezione del libro.

Credo tuttavia che sia importante fin da ora sottolineare il fatto che litigare e crescere come coppia possono essere destini sovrapposti o disgiunti, dipende da come litigate e cosa andate cercando con la lite.

Come ben affermato da Roy Martina nel libro *Come essere felici insieme*, Tecniche Nuove, assai di frequente noi scegliamo il nostro partner proprio sulla base dei nostri irrisolti, delle nostre ferite che questi ci riflette, incarna, rende visibili e manifeste.

Ciò che più ci dà fastidio nel nostro partner è esattamente un riflesso di quella che Jung avrebbe definito *la nostra ombra*, di ciò che di noi non vogliamo vedere, affrontare, integrare.

In questo senso – è solito dirlo Salvatore Brizzi, anche nel videocorso *L'alchimia incontra le neuroscienze,* Anima Edizioni, che abbiamo creato insieme – il nostro partner, facendoci arrabbiare, facendo proprio quella cosa che ci dà fastidio, ci sta facendo un favore, ci sta facendo da maestro e da terapeuta.

Andrà a finire che nelle coppie della nuova era pagheremo una parcella per consulenza ai partner peggiori che abbiamo avuto?

Sta di fatto che è certo che in questa dimensione avere ragione ed essere felici non sono quasi mai coincidenti, perché di solito vogliamo avere ragione su qualcosa che in realtà rispecchia solo ed esclusivamente ciò che noi stessi non abbiamo ancora risolto e che in realtà abbiamo inconsciamente creato noi o quanto meno ricercato al fine inconscio di poterlo risolvere.

Ho già ribadito più volte che questo non significa non denunciare un comportamento dannoso per noi, che questo non significa dover rimanere con qualcuno che non ci fa felice, piuttosto ci induce a smettere di giudicare e incolpare altri per le nostre scelte e il nostro destino, capire il più in fretta possibile la lezione, ringraziare e fluire verso altre dimensioni evolutive.

Questo lo chiamiamo perdono.

Ci libera dalle zavorre della rabbia, della vendetta, della rivendicazione, dell'attaccamento a ciò che è stato.

Quante volte ho detto a una donna, e per la verità ultimamente anche a degli uomini, in lacrime davanti a me per la fine brutale di una relazione di dipendenza, di ringraziare la fine della relazione e salutarla come l'inizio di una nuova seppur faticosa conquista della propria unicità.

Così il litigio, se visto come la manifestazione del servizio reciproco di due maestri, se vissuto nell'ottica dello specchio di noi stessi, non è da rifuggire.

Tuttavia molti temono il litigio: sono quelli che non vorrebbero che ci fosse mai nessun problema perché temono l'abbandono.

Ma in moltissimi altri casi è invece fisiologico che in una coppia si alternino momenti di grande vicinanza ad altri di maggiore distacco, che viviamo come crisi di coppia. Consideriamo che qualsiasi rapporto è ricco quanto più conosce la varietà, cioè se non vibra sempre sulle stesse note. In alcuni momenti prevalgono il calore e il coinvolgimento, in altri la freddezza e il distacco e, a volte, si può affacciare anche la crisi. La cosa peggiore sarebbe intervenire in questa preziosa alchimia cercando di imporsi a tutti i costi un modello di *coppia sempre innamorata allo stesso modo.*

Così, dopo aver superato anche lo spettro della lite, potrebbe giungere il tempo in cui decidiamo di vivere insieme.

Quando viviamo assieme potrebbero essere molteplici le matrici e gli archetipi che si mettono in moto senza che ce ne rendiamo conto.

Vi propongo un piccolo gioco che ho chiamato *Le metafore della coppia.*

Di seguito alcune delle metafore che più di frequente si sentono applicate alla coppia.

Ascoltate quelle che vi risuonano di più e poi leggetene il senso in questo gioco semiserio.

Coppia come: squadra - pianta - barca - romanzo - teatro - specchio - sacramento

Coppia come squadra: vivete la coppia come un *team* che deve vincere. Sentite il gioco della vita come un gioco di squadra. Sapete essere amici del vostro partner, ma potreste avere qualche difficoltà nell'uscire da questo *cliché*, nel considerare l'importanza dell'originalità di ognuno di voi, nel coltivare la dimensione del mistero al di là del cameratismo. Se non vincete potreste andare in crisi, perché la coppia è anche una squadra su cui avete scommesso. Vi piacciono i manuali sulla coppia, la PNL, i trucchi per amarsi meglio e così via.

Coppia come pianta: vivete la coppia come un alberello che deve crescere. Sentite molto intensamente la dimensione della cura e della coltivazione dell'amore, ma potreste avere qualche difficoltà nel tollerare i bisogni di indipendenza del vostro partner, il dinamismo di coppia, l'allargamento delle relazioni a una rete più ampia di persone. Vivete nel vostro giardino segreto, e vi va bene così, ma ciò non significa che questo giardino non possa essere aperto. Un altro aspetto potrebbe riguardare il fatto che volete sempre che tutto accada gradualmente e impercettibilmente, proprio come accade a una pianta, compreso l'intensificarsi del legame, e balzi in avanti troppo repentini potrebbero disturbarvi. In fondo siete romantici, vi piacciono le poesie, i romanzi, i film e le commedie rosa.

Coppia come barca: vivete la coppia come un vascello che deve solcare il mare. Avete l'idea del viaggio insieme. Il vostro libro è *Vela bianca* di Sergio Bambaren. Siete pronti ad affrontare le tempeste e ve le potreste anche inconsciamente creare perché una barca che si rispetti deve dimostrare di tenere il mare con ogni tempo. Attenzione a non esagerare, ma neppure a lasciarla ferma in porto, non è per voi.

Coppia come romanzo: vivete la coppia come una storia che si scrive. Sareste perfetti per Isabel Allende o Gabriel Garcia Marquez ma in realtà non li leggete perché siete già in un romanzo. Avete storie complicate, di solito anche con trame tortuose, incappate nei narcisi e nelle dipendenze affettive, però ne avete da raccontare. Molti di voi, usciti da queste dinamiche, vorranno scrivere un libro. Avrà un titolo forte, romantico o audace.

Coppia come teatro: vivete la coppia ogni giorno come un palcoscenico sul quale inscenare i vostri copioni. Siete attratti dalla psicogenealogia, dalle costellazioni familiari di Hellinger. Trovate i rimandi delle storie dei vostri antenati nella vostra relazione. Tutto sommato siete consapevoli che state proiettando sul vostro partner anche i vostri conflitti e l'altro fa altrettanto. Tutto bene se non esagerate con l'emotività espressa, in quel caso drammi e tragedie sono dietro l'angolo e di solito, naturalmente, avete bisogno di un pubblico.

Coppia come specchio: siete quelli delle *relazioni scuola*. Potreste stare bene anche nella dimensione coppia-scuola. Infatti siete convinti che si vive per imparare e dunque anche e soprattutto la coppia è una scuola, serve per evolvere. Avete letto tutti i libri sul tema, e sapete tutto, ma chissà perché spesso vi si sente dire che il vostro partner non sta facendo un percorso evolutivo come il vostro... *Ti amo comunque* di Lorenzo Capuano è tra i vostri *cult*, ma consiglio di rileggerlo.

Coppia come sacramento: vivete la coppia come un contratto sacro. Il problema potrebbe derivare dalla parola *contratto*. Dipende da come la intendete. Potrebbe essere il sigillo di cui si parla nel Cantico dei Cantici, ma anche il vincolo da cui rifuggire di cui parla Ceronetti. Siete interessati al mistero della coppia, alla sessualità trascendente, al tantrismo e al misticismo. Potreste leggere *Eros e Amore* di Igor Sibaldi, o *La sacra sessualità* di Salvatore Brizzi, così come il *Tao dell'amore* di Jolan Chang e i libri dei coniugi Zadra. Quello che è importante è che non dimentichiate le altre dimensioni della coppia, perché lo sapete che nessuna pratica può sostituirsi all'amore. E poi si diventa ciechi, dicevano.

Coppia zero: non è una bibita ipocalorica, è la situazione in cui vi siete identificati in tutte o quasi le tipologie di coppia e non sapevate scegliere. Non allarmatevi, non siete affetti da personalità multiple. Siete probabilmente gli unici lettori sani di questo libro. Per gli altri ci si augura che stiano sorridendo.

Vivendo a questo punto insieme cominciano i giochi di coppia, che spesso non sono divertenti come potrebbe sembrare a dirsi visto che li chiamiamo *giochi*.

I più frequentemente giocati non sono neppure quelli intenzionalmente maliziosi che vi consigliano i sessuologi sui giornali, sono quelli della gelosia, del possesso e della dipendenza.

Diceva qualcuno che un'anima libera la si riconosce perché accanto a lei ci sentiamo liberi a nostra volta. Ecco, io credo che un buon metodo per comprendere se siete invischiati in uno dei giochi perniciosi che ho indicato sopra sia proprio quello di chiedervi se vi sentite liberi o no accanto al partner.

Un partner che ci tiene vincolati ci sta dimostrando tutte le sue incertezze, i suoi dubbi. In prima istanza ci sta facendo subire la gelosia: ci vorrebbe solo per sé, sempre e completamente disponibili a soddisfare i suoi bisogni e pronti a mettere in primo piano le sue esigenze. In questo partner abita spesso un bambino desideroso di attenzioni, o un genitore angosciato dai pericoli, un giudice rigido e persecutorio, o un colpevole di crimini mai commessi ben nascosti nella psiche.

L'eccesso di gelosia rischia di far ammalare davvero il rapporto.

In questi casi uomini e donne si comportano diversamente. Di solito lui tende a non voler affrontare il problema, si chiude a riccio, diventa pedante, spesso controllante, persino dispettoso. Non riesce a perdonare la benché minima sbavatura rispetto all'ordine che ha nella testa.

Lei tende a essere più esplicitamente aggressiva, controlla telefonino e PC, WhatsApp e FB. Spesso si lamenta con le amiche, fa ripicche. Cova il rancore.

È bene comprendere che nella gelosia, per la legge dell'ombra, c'è la nostra infedeltà, c'è la nostra diffidenza e la paura che accada qualcosa che in realtà inconsciamente andiamo cercando.

Forse vi sembrerà incomprensibile quello che sto dicendo, ma ci viene in aiuto Galimberti, a illuminare il lato inconsueto del tradimento.

"Tradendolo, l'altro lo consegna a se stesso e niente impedisce di dire a tutti coloro che si sentono traditi che forse un giorno hanno scelto chi li avrebbe traditi per poter incontrare se stessi, come un giorno Gesù scelse Giuda per incontrare il suo destino".

U. Galimberti

Qualcuno ha detto che a una coppia nulla può giovare più del tradimento.

Ricordo che rimasi sconvolta quando il mio amato e già citato professor Molteni, durante una delle nostre conversazioni filosofiche post-lezione, mi disse che riteneva che in alcuni casi l'amante fosse il miglior terapeuta per la coppia.

Lui non era di certo un uomo dal pensiero convenzionale, ma era pur sempre un sacerdote, e rimasi di stucco.

Avevo sedici anni e non ero immune dal manicheismo dell'adolescenza, così mi ricordo che mi infiammai parecchio.

Non era ammissibile!

Oggi, a distanza di tanti anni e avendo assistito alle evoluzioni di tante coppie, devo dire che mi è capitato di vedere proprio questo meccanismo per il quale il tradimento rivela, sebbene in modo brutale, la verità sulla coppia e su chi sono i due partner che la compongono.

Certo è che ritengo vi siano altre strade, migliori, per l'evoluzione della coppia o il suo riaccendersi... ma a mali estremi, estremi rimedi.

Quando succede, ciò che conta e può davvero mutare le cose è che il tradimento venga vissuto come un atto della coppia, l'espressione, la manifestazione dello stato di fatto della coppia, non come un atto fedifrago di uno dei due verso l'altro.

Se questo accade, allora la coppia ha già fatto un salto di coscienza, è già cambiata.

Non significa che resterà necessariamente assieme, ma le coscienze sono mutate.

Quasi sempre accade che il tradimento venga scoperto o fatto scoprire: se accade e vi decidete a dirlo, non fatelo per senso di colpa.

Fatelo solo se pensate che ne valga la pena per fare quel salto quantico di cui parlavamo poco fa.

Diversamente tacete. Spesso il silenzio è un tacito accordo fra i due partner, che in un certo qual modo sanno che non reggerebbero il salto di coscienza.

Mi è anche accaduto di vedere che l'amante risulta molto utile pure al partner tradito: fantastica su come sia, se lo vede o addirittura ottiene informazioni o lo incontra o ci parla, capisce cose del suo partner che non aveva mai visto così bene, scopre lati che non conosceva.

Si confronta persino, si migliora sia psicologicamente sia fisicamente a partire dal confronto.

Mi è persino capitato che qualcuno si sia per così dire *invaghito* dell'amante del partner, non nel senso vero e proprio del termine, ma nel senso che ha provato ammirazione. Veniva in seduta e mi diceva: "Sa, lei è una donna fantastica, forte, determinata. Lei sì che sa tenere testa a quel cocciuto" (a volte il termine era leggermente più scurrile) "di mio marito". Oppure "Lui è un tizio piuttosto randagio, la deve avere tenuta sulla corda..." e ancora "Lui la fa ridere, in effetti io sono spesso cupo e nervoso...".

La cosa più bella era far vedere a queste persone che attraverso l'amante e il tradimento del partner avevano finalmente capito cosa non aveva funzionato e soprattutto avevano a disposizione nuove immagini interiori per fare vivere nuovi lati di sé.

Dunque il tradimento segnala già l'esistenza di un malessere nella coppia e va da sé che nelle *coppie nell'unione* la questione non si pone neppure ma, se capita, potrebbe essere una preziosa opportunità: insomma per i gelosi, se applichiamo la legge dello specchio, davvero non c'è più scampo.

Sappiano che quanto più sono gelosi, tanto più saranno traditi.

Del possesso e della dipendenza ho parlato a lungo...

È sempre un tema attuale, purtroppo. Delle tante conferenze che ho tenuto e che sono disponibili anche in video su anima.tv, credo che poche abbiano raggiunto il numero di visualizzazioni che ha raggiunto quella che ho intitolato *La sindrome di Eco, dipendenza affettiva e narcisismo:* (anima.tv/blog/2014/la-sindrome-di-eco-dipendenza-affettiva-e-narcisismo).

Vi invito a guardarla – è gratuita *online* – e a riflettere un poco sulle dinamiche del possesso e della dipendenza in cui di fatto almeno una volta siamo caduti tutti quanti, fondamentalmente perché abbiamo ricevuto alcuni insegnamenti in fatto di relazioni che in effetti proprio non vanno.

Li elenco, giocate ancora con me e provate a vedere in quali non vi ritrovate (sarà più veloce che vedere in quali vi ritrovate, visto che per esperienza temo che vi ritroverete quasi in tutti, come è successo a me quando in passato mi sono accinta ad affrontare il tema delle mie personali relazioni).

- Abbiamo imparato che possiamo rendere felici gli altri con il nostro comportamento. Falso: ognuno ha il compito di coltivare lo stato di felicità interiore che è per definizione incondizionato.
- Abbiamo imparato che è bene reprimere le proprie emozioni per essere gentili e amichevoli con tutti. Falso: non sto dicendo di andarsene in giro ad aggredire tutti quanti, ma il contatto con la rabbia e il fastidio sono una bussola fondamentale per comprendere chi va bene per noi e chi no, oltretutto questo ci renderà anche più autentici agli occhi degli altri e con noi stessi.

- Abbiamo imparato che veniva prima essere educati, dire sì e sorridere che sentire quello che stavamo provando. Falso: serve essere educati quanto basta, per avere nel frattempo la possibilità di percepire cosa avviene dentro di noi.
- Abbiamo imparato che quello che pensano gli altri è più importante di quello che pensiamo noi. Allora abbiamo bisogno di conferme, approvazione e così via. Falso: devo spiegarlo? No...
- Abbiamo imparato che apparenza e comportamento sono la nostra identità. Quindi ci hanno detto che eravamo cattivi quando infrangevamo le regole o incapaci quando non raggiungevamo un obiettivo. Falso: noi dovremmo occuparci di chi siamo e cosa ci viene bene, non cercare di fare bene quello che gli altri fanno.
- Abbiamo imparato che tutto andrà bene se compiacciamo l'altro, se tolleriamo, se scendiamo a compromessi. Falso: è il contrario. Se tutto va bene, allora possiamo compiacere l'altro, tollerarlo, scendere a compromessi.
- Abbiamo imparato che se una storia finisce dobbiamo metterci in discussione. Falso: se una storia finisce, è finita. Al massimo avremmo potuto metterci in discussione prima.
- Abbiamo imparato che siamo responsabili di come va una relazione, *ergo* se va male se ne deduce che è colpa nostra, è un nostro fallimento. Falso: se va male, non è più la relazione che la nostra anima vuole per noi. Oltretutto, anche quando veniamo lasciati – riflettendoci bene, se siamo onesti – sentiamo che dentro di noi la storia era già finita.
- Abbiamo imparato che "se ti ama dovrebbe...", "con tutto quello che ho fatto mi ripaghi così...", "se siamo una coppia, allora...". Falso: se ti ama farà ciò che per lui o per lei significa amare, ti darà cioè il migliore amore di cui è capace. Se non ti piace, cerca una persona che abbia una capacità di amare differente. Con tutto quello che hai fatto l'altro non ti deve nulla. Se lo hai fatto eri tu che volevi farlo, era importante per te farlo. Se per lui o per lei era comodo che tu lo facessi, sei stato o stata tu a cercare di creare una situazione di comodo per l'altro perché era il tuo modo di amare o di sentirti al sicuro da un abbandono. Se siamo una coppia, allora creiamo insieme questa nuova realtà, indipendente-

mente da ciò che abbiamo pensato prima di conoscerci su come debba essere una coppia.

Amare ed essere amati è il sogno di tutti. Forse è vero che non è facile trovare *l'anima gemella*, oggigiorno questo ritornello è sempre più comune e sono molte le persone che soffrono di questa mancanza, ma per trovare la felicità in amore bisogna tenere presente una cosa fondamentale: ogni storia è a sé, non assomiglia alla precedente.

Fino a quando si continua a voler classificare e catalogare un amore, di qualsiasi natura esso sia, le *chance* di viverne uno veramente appagante si assottigliano.

Le paure (paura dell'abbandono, della fine della storia, della noia) prendono corpo, i fantasmi diventano materia.

Allora accade che le stesse sensazioni ed emozioni sono come filtrate, velate da questa continua anticipazione mentale, in realtà priva di senso, un po' come chiudere tutte le finestre per timore che arrivi un temporale prima ancora di vedere il cielo farsi plumbeo.

Essere pronti per l'amore significa saper accettare che arrivi il temporale invece che temerlo e cercare di evitarlo anzitempo.

Non potete giocare un'intera partita in rimessa: forse non prenderete nessun goal, di certo non ne segnerete affatto.

In altri termini non possiamo eliminare il rischio dall'amore, perché rischiamo di più, di non avere neppure qualcosa per cui temere il rischio.

Come sempre, in questa nostra esistenza, vale la legge che solo quando accetti qualcosa quel qualcosa si dissolve. Accetta il rischio in amore e smetterai di avere rischi in agguato.

Infine, per chi ama la metafora della coppia come barca in viaggio, ma anche per tutti gli altri, potrebbe essere utile conoscere a fondo la cartografia del triangolo delle Bermuda della coppia, rappresentato da tre insidiose *p*: potere, paura, proiezione.

Il potere: "Lui non ha chiamato, non chiamo io per prima"... oppure "Se lei crede di potermi far sentire sempre sotto esame ha sbagliato, gliela faccio vedere io adesso!"... e ancora "Io pratico l'abbandono preventivo. Se vedo che non va, mollo per primo così evito di essere abbandonato". O anche "Sai, in passato, appena c'era qualcosa che non andava, io mollavo…" e "adesso sto un po' sulle mie, se stasera chiama gli dico che non posso".

Nelle coppie c'è sempre una fase in cui si gioca un po' a far stare sulle spine, si sferrano piccoli attacchi alla sicurezza dell'altro, si utilizza il famoso "in amore vince chi fugge…".

Nelle prime fasi del corteggiamento questo fa parte anche di un momento sospeso, di uno spazio di reciproca osservazione, una sorta di battaglia navale nella quale si cercano le coordinate giuste per affondare le difese dell'altro.

Ma alla lunga questo registro relazionale diviene stantio e soprattutto dannoso.

Il gioco di potere mina la relazione anche quando viene utilizzato nelle liti, come vedremo quando parleremo del disprezzo nella terza parte del libro.

Il gioco di potere ostruisce il flusso dell'autenticità, pone una barriera alla vicinanza emotiva.

È tipico di chi ha paura di lasciarsi andare, di chi teme che, se si apre all'altro davvero, sarà vulnerabile, l'altro l'avrà in pugno e in qualche modo tradirà la sua fiducia.

Si tratta di persone che hanno in effetti una difficoltà emotiva, nel contatto e nell'espressione di ciò che sentono.

Rifuggono le effusioni e le chiamano smancerie perché temono che, se fanno sentire all'altro tutto ciò che provano per lui o per lei, allora saranno in balia di ciò che l'altro farà o dirà.

Anche la tecnica di utilizzare le strategie abbandoniche fa parte dei giochi più o meno inconsci di potere: succede una lite, si crea un'incomprensione e lui o lei minacciano la fine della relazione.

In questo modo l'altro comincerà a temere di sbagliare, non si sentirà mai al sicuro nella relazione e non si potrà costruire la costanza d'oggetto, cioè il sapere che, indipendentemente da ciò che può accadere, vi sono un sentimento sicuro e la reciproca intenzione di stare insieme.

Se poi il partner è affetto a sua volta da paura dell'abbandono il cocktail micidiale è pronto.

Due individui, evidentemente portatori di due solitudini, di due stili di attaccamento entrambi carenti e disorganizzati, si uniscono.

Entrambi temono l'abbandono e ciò che più desiderano è una relazione sicura, buona, nutriente, davvero sintonica e profonda, fatta di amore, rispetto e vicinanza, ma hanno paura, una parte di loro dice: "Figurati se può accadere, figurati se dopo tutte le delusioni è la volta buona!", oppure "Tanto le coppie vanno tutte male", o ancora "E se io mi fido e poi mi molla?", "Non voglio che mi capiti quel che è capitato a mia madre", "Non voglio ripetere ciò che hanno fatto a me i miei genitori"... etc...

È lì, alle radici del trauma e del giudice interno che parla, che si gioca la vera partita e ha luogo il vero gioco di potere... dentro di loro è in atto una lotta: credere di nuovo all'amore oppure no?

Intanto lui fa il superuomo che non deve chiedere mai, usa le strategie dell'abbandono preventivo per sentirsi forte e invulnerabile e intanto cova paura, lei fa la bambina compiacente per tenersi buono quell'uomo come si teneva buono il genitore e intanto cova rabbia.

Alla prima lite il gioco viene allo scoperto e ci si può fare davvero molto, molto male.

Oppure? Oppure guarire. Ne parleremo nel capitolo dedicato alle emozioni nella coppia.

In queste dinamiche entrano in modo davvero potente due forze della psiche: la paura e la proiezione.

È evidente che, nell'esempio che ho fatto poco fa, ciascuno dei due partner sta proiettando sull'altro immagini, sensazioni, aspettative del suo passato, storie già vissute, storie vissute da altri.

Jung diceva che noi conosciamo attraverso la proiezione.

La legge stessa dello specchio ci fa comprendere che tutto è un nostro riflesso.

Ma il dato fondamentale è diventarne consapevoli: pensate a quella coppia.

Se entrambi sono fermi nella logica delle proprie ferite emotive, allora entrambi proietteranno sull'altro il proprio conflitto interiore e questa è la base di alcune tipologie di amori fra cui:

- l'*amore simbiotico narcisistico-dipendente*, che si spinge fino agli amori collusivi delle coppie violente e sadomasochistiche;
- gli amori che io chiamo *impossibili*, quelli in cui lui o lei vogliono salvare l'altra o l'altro a tutti i costi, soprattutto per dimostrarsi

che ce la possono fare, spesso perché non sono riusciti idealmente a salvare qualcun altro (assai di frequente un genitore) o perché hanno bisogno di sfidarsi continuamente;
- i cosiddetti *amori briciola*, che sono una specifica variante degli amori impossibili, nella quale uno dei due non dà nulla e l'altro accetta di inseguire le briciole di vita che cadono sotto il tavolo, rivivendo il proprio personale film di inadeguatezza e disistima.

Se invece uno dei due partner è in evoluzione interiore, allora – non senza mille dubbi, mille addii e mille ritorni – alla fine faticosamente rinuncerà e se ne andrà... oppure, se avrà la forza di essere davvero se stesso, di dire no, è possibile che anche l'altro si risvegli alla consapevolezza e la coppia abbia così una *chance* di cambiamento insieme.

Se vi trovate in una simile situazione, non attendete, non indugiate, non aspettate i mille dubbi e le mille paure: dite i vostri no, siate fermi nelle vostre posizioni, a costo piuttosto di perdere la relazione.

Vi meritate, e ciascuno si merita, di essere amato per quello che è, essere accettato così com'è, essere rispettato. Ognuno di noi si merita la vicinanza emotiva con se stesso e con gli altri e merita di avere accanto una persona capace di vicinanza emotiva con se stessa e con gli altri.

Se avete superato indenni o quasi il triangolo delle Bermuda delle coppie, siete pronti per vivere felici e contenti per sempre.

No! Per vivere l'amore giorno per giorno.

Considerare la durata di un rapporto di coppia come il traguardo principale cui tendere, o come il solo criterio di giudizio ("Se non dura non vale niente") svilisce la spontaneità e la vitalità della relazione. L'amore vive di slancio, di fantasia, dell'intensità del momento. Non assecondiamo lo spirito di mediazione e il compromesso costante, tipico di chi vuole soprattutto che l'amore duri. Il rischio è di ritrovarsi con un rapporto di coppia solido, sicuro... e spento!

Esiste qualche segreto per coltivare e far crescere l'amore?

Una buona notizia, dopo tutto, non può mancare, e la risposta è sì.

Ma è una risposta paradossale, che ci conduce dritti al prossimo capitolo.

Il segreto per far crescere l'amore è il segreto.

Seguitemi alla scoperta delle coppie sacre.

"Buonasera dottoressa, se ha un attimo di tempo vorrei raccontarLe una cosa che è successa stasera, dopo il Suo corso. A casa nostra... dovevo salire in solaio a stendere degli abiti... per salire in solaio la scala non è illuminata, quindi o si prende una pila o si accende la luce della nostra camera in quanto la luce della finestra della stanza illumina la scala... ogni volta mia moglie vorrebbe che io prendessi la pila per salire mentre io vorrei che lei accendesse la luce della camera, e ognuno fa sempre di testa sua... quindi io salgo accendendo la luce della camera, lei sale con la pila... questa sera istintivamente, senza pensare, senza neanche che ce ne accorgessimo, io ho preso la pila e lei ha acceso la luce della camera in modo da illuminarmi la via... al mio ritorno, guardandoci negli occhi e senza neanche parlare, abbiamo compreso che le nostre anime hanno agito così senza l'intervento della mente... abbiamo riso e pianto insieme... è una grande stupidata, ma ci ha dato una grande emozione... grazie infinite...".

(per gentile concessione di E.V. e P.C.)

8. Essere coppia sacra

"Mettimi come sigillo sul tuo cuore
come sigillo sul tuo braccio;
perché forte come la morte è l'amore
tenace come gli Inferi è la passione:
le sue vampe sono vampe di fuoco,
una fiamma del Signore!
Le grandi acque non possono spegnere l'amore
né i fiumi travolgerlo.
Se uno desse tutte le ricchezze della sua casa
in cambio dell'amore
non ne avrebbe che dispregio".
(Cantico dei cantici 8, 6-7)

Sacro deriva dal latino *sacer (*forma arcaica *sakros*), la cui radice pare collegabile all'accadico *saqāru* (*invocare la divinità*), *sakāru* (*sbarrare, interdire*) e *saqru* (*elevato*).

Il sacro corre tra l'unione e la separazione.

L'etimologia suggerisce l'idea di qualcosa di separato, che è sbarrato, che non è raggiungibile ed è elevato e richiama l'atto, il modo, il luogo, l'oggetto in grado di invocare e porci in relazione con quel segreto, separato e inaccessibile.

È così che il sacro attiva simultaneamente dinamiche di inclusione/unione e dinamiche di esclusione/separazione. Non tutti ad esempio possono entrare, allo stesso titolo, in una comunità costruita sul riferimento a qualcosa di sacro: riti di iniziazione vanno seguiti, prove iniziatiche vanno superate.

Al contempo l'appartenenza a questo gruppo nutre l'idea di essere speciali, di far parte di un rapporto privilegiato fra l'individuo e un *ordine superiore* (divino, naturale). Il sacro quindi unisce e separa, eguaglia e differenzia.

E le coppie all'inizio del loro innamoramento non fanno forse così? Non si sentono forse depositarie di un segreto? Non sono esse stesse il segreto? Separate, uniche, speciali, elevate, in un altro piano di esistenza rispetto a *tutti gli altri*.

Si dice che questo è il frutto dell'iniziale innamoramento e si ritiene sia destinato a scomparire.

Un po' come quando lo stupore e l'entusiasmo dell'infanzia lasciano spazio alla – si ritiene – razionale maturità dell'adulto.

Non vi sto suggerendo di comportarvi come bambini o cercare di fermare il divenire della vostra relazione all'iniziale infatuazione.

È che siamo sempre vittime di questo dualismo, *aut... aut*, o... o.

O restiamo bambini e manteniamo entusiasmo, stupore, amore per ogni cosa della vita o cresciamo e allora diventiamo razionali e pesanti. Non avete mai pensato che invece potrebbero esistere entrambe le dimensioni contemporaneamente?

Potrebbe esistere un modo per collegarle.

Questo è sacro. Ciò che collega una determinata dimensione con un'altra, inaccessibile, elevata, nascosta.

Lo dice l'etimologia stessa della parola.

Le coppie che io chiamo *sacre* sono questo.

Sono uno strumento (non l'unico, intendiamoci, ce ne sono altri, ma questo pare sia molto frequentato e, tutto sommato, ha anche risvolti piacevoli e risvolti utili), per collegarci fra due dimensioni.

Essere *coppia sacra* significa vivere sul ponte che collega profano e sacro, vivere in questo prodigio dell'umano che è come un filo teso fra due cime, la materia e lo spirito, al centro fra l'abisso e il cielo che la vita può alternativamente diventare a seconda di come si voglia o si sia portati a viverla.

La vita è l'abisso su cui sei sospeso e nel quale potresti cadere se non ti accorgi e non diventi consapevole del ponte che ti sorregge con le sue salde fondamenta fissate ai due estremi del nulla che c'è in mezzo.

Quando hai occhi per vedere – gli occhi della consapevolezza, evidentemente – vedi che sei ben poggiato su questo ponte, che tu stesso sei il ponte e allora puoi camminare guardando l'immensità del cielo, piuttosto che l'angustia del baratro.

È dunque la consapevolezza che ci fa accedere al ponte, o meglio, ce lo fa vedere.

Allora anche in mezzo al baratro più nero siamo sicuri.

Non significa che non sentiremo l'infuriare del vento nei canaloni del canyon, ma non avremo paura di cadere, perché il ponte siamo noi stessi.

Quando compiamo questo salto interiore, se la nostra anima sceglie la via della coppia, allora formeremo una *coppia sacra*, nel senso che faremo l'esperienza di essere in due a costituire un ponte sull'infinito.

In quanto essere umani saremmo comunque un ponte anche da soli, ma scegliamo – se così si può dire – la versione a due.

Nella dimensione dell'unione con l'altro, del due che si fa uno, manifestiamo l'essenza dell'umano che ogni individuo può manifestare semplicemente attraverso la consapevolezza, il potere dell'osservatore che è eterno e incorruttibile dentro ognuno di noi, come insegnano tutte le religioni, tutte le filosofie e la mistica.

Infatti il senso più profondo del matrimonio sarebbe proprio questo.

Curiosando fra le etimologie, come io amo fare, si fanno scoperte interessanti.

Roba che dovrebbe essere ben spiegata ai corsi prematrimoniali per chi ambisce a un matrimonio religioso, o essere oggetto di corsi promossi dallo Stato in genere per chi desidera contrarre matrimonio, al posto del disbrigo delle pratiche amministrative.

Sono convinta che molte meno persone divorzierebbero come dicono le statistiche entro i primi tre anni dal matrimonio.

Seguitemi nelle etimologie e capirete il perché.

Matrimonio è una parola composta che deriva dalle due parole latine *mater, matris,* la madre, e *monium* (dovere, compito, dono). Il *matrimonium* era nel diritto romano un *compito della madre*, intendendosi il matrimonio come un legame che rendeva legittimi i figli nati dall'unione. Analogamente la parola *patrimonium* indicava il *compito del padre* di provvedere al sostentamento della famiglia.

Ma ciò che colpisce è che in ogni caso l'utilizzo del termine con riferimento all'unione nuziale si sviluppò successivamente con il diritto romano nel quale si diede riconoscimento e corpo al complesso delle situazioni socio-patrimoniali legate al *matrimonium*.

Ma l'unione nuziale allora cos'è, se il matrimonio è originariamente un concetto relativo alla posizione di legittimità dei figli e quindi non ha molto a che vedere con la coppia?

Procediamo per etimologia...

Sposo e *sposa* derivano dal participio passato di *spondere*, *promettere formalmente*, *religiosamente*, *far voto*, *giurare* (da cui anche *rispondere*, notate bene), parallelo al greco *spendein*, *fare libazioni* e dunque *promettere solennemente facendo libazioni agli dèi.*

La cerimonia dello sposalizio presso i Romani, soprattutto con l'epoca imperiale, non era molto diversa dalla nostra, comprendendo anche la ripetizione di una formula ("*Ubi ego gaius, tu gaia*") e lo scambio quanto meno di un anello, che l'uomo metteva al dito della donna come simbolo di eterna fedeltà.

Interessante sapere che la fidanzata veniva definita dapprima *sperata* mentre veniva corteggiata, poi *pacta*, una volta che era stata chiesta in casa, *sponsa* quando gli sposi si erano reciprocamente obbligati, e infine, dopo maritata, *nupta.*

E qui la cosa si fa interessante: infatti *nupta* viene da *nubere*, da cui viene anche, guarda caso, *connubio.*

Nubere in latino significa *sposare*, ma anche *coprire*: ha infatti lo stesso etimo di *nebula*, la *nube*, e si collega al velo (*nebula*) che le spose indossavano, come simbolo del fatto che non erano state rapite, bensì promesse, e come protezione dagli occhi di chi le volesse rapire.

Nebula è collegato incredibilmente a *ninfa* perché in greco *nhympha* è la sposa e propriamente significa *velata.*

Nupta latino e *nhympha* greco indicano la donna velata in quanto sposa e la ninfa.

Le ninfe sono divinità naturali, che abitano nei boschi e nelle acque, sono vicine al mondo umano, ma al contempo sono già divine.

La parola greca *nhympha* indica anche per i naturalisti la crisalide, stato di transizione e metamorfosi tra bruco e farfalla, in quanto velata, coperta perché avvolta da un bozzolo.

Infine, *ninfe* al plurale sono le carnose alette semilunari che formano le piccole labbra della vulva e schiudono il clitoride. Il talamo o letto nuziale è il *nhympheion*, non a caso, e lo sposalizio il *nhympheyma.*

Allora qualcosa collega segretamente il velo, la metamorfosi, le acque, i laghi, i boschi, le divinità ninfe all'atto di sposarsi.

Un po' differente dal tema del matrimonio... un po' più misterioso, un po' più affascinante.

Adoro le intuizioni del mio sposo che, pur non avendo studiato le etimologie, non ha mai amato il nome di *compagna* o di *moglie* per me, e di *compagno* o *marito* per se stesso, ma ha sempre detto che siamo sposati, anche prima di esserlo sul piano civile.

Infatti siamo reciprocamente obbligati, non nel senso dell'obbligo come lo intendiamo noi, ma nel senso che ci siamo reciprocamente scelti e detti di sì.

Così la sposa è *nupta*, velata, protetta, ninfa, crisalide, umido fiore di acqua sul talamo, come la ninfea sul lago.

Capite bene che sposarsi con la consapevolezza dei profondissimi misteri che respirano dietro a queste parole è ben altra cosa che sposarsi per fare una bella festa (cosa fantastica, ma se slegata da questi significati assai limitata e povera di senso) o perché così ci si sistema.

Se ci si sposa si formula una promessa che ha a che fare con le nuvole e le ninfe dei boschi.

Quando e se verranno i figli, allora vi saranno anche i doveri del matrimonio, ma sposarsi ha a che fare con un mondo impalpabile e sottile, di energie della natura che scendono e si incarnano.

Ritengo che un matrimonio (nel senso corrente del termine di sposalizio) contratto senza la consapevolezza di tutto questo non sarebbe da considerarsi valido e che, al contrario, una relazione tra due persone spose nell'anima sia un matrimonio assai più profondo e valido di qualsiasi altro.

Il punto allora non è che non vi sia alcuna differenza tra convivenza e matrimonio, o che il matrimonio sia un mero contratto (cosa di cui ci si rende poi amaramente conto quando ci si separa), ma che vi è un'abissale differenza tra sposarsi e sposarsi nell'anima.

L'unico vero matrimonio è solo quello dell'anima che in effetti, come tutto ciò che è sacro, vuole il suo rito di celebrazione, che potrà coincidere con un matrimonio religioso o con qualsiasi atto che abbia potere sacrale, cioè potere di collegare visibile o invisibile e smuovere e far calare energie sottili sui due sposi.

Allora la coppia è sacra, perché unita in ciò che è sottile, protetta dal rapimento altrui, fatta della stessa sostanza di cui son fatte le nubi e l'acqua che portano, intermediaria tra umano e divino come le ninfe.

I due sposi non a caso officiano un sacramento.

Gli aspetti più profondi della religione cristiana ce ne parlano, come spiegato perfettamente da Caroline Myss in *Anatomia dello spirito*, Anima Edizioni: i due sposi attraverso il matrimonio assurgono a ministri di un sacramento, quello della manifestazione del divino, dell'amore divino, attraverso la coppia.

A loro spetta celebrare, amministrare, professare questo sacramento.

Il matrimonio è un'iniziazione a tutti gli effetti.

Gli sposi che si mettono in relazione con la dimensione del sacro ne confermano l'importanza ogni giorno, con riti di esaltazione e anche di espiazione, di benedizione e di sacrificio. Che questi riti siano necessari lo segnala il fatto che il *sacro* si regge pur sempre su un costante collegamento fra mondi differenti in cui l'essere umano è al centro.

Quando parlo di riti di espiazione e sacrificio, non pensate a cose da Medioevo oscurantista.

Intendo dire che in una *coppia sacra* i momenti della tensione e del distacco sono riti: riti di trasformazione, come la morte invernale prelude alla primavera.

In una *coppia sacra* quando si manifesta un problema i due sposi sanno che sono chiamati a officiare un rito di purificazione o di lutto o di perdono o di disvelamento di parti nascoste.

C'è un tabernacolo da aprire e un ostensorio da porre sull'altare di una nuova liturgia di coppia.

E sanno anche che questo è sacro e perfetto così com'è.

Quando accade un contrasto o vi è un blocco si domandano quale beneficio trarranno da ciò che accade, poiché nel mondo del sacro ogni atto e ogni rituale accade, non già per un motivo, ma per uno scopo.

Dunque smettono di chiedersi perché è accaduto quel problema o hanno provato quell'emozione conflittuale, ma si chiedono a che scopo, a quale fine, per quale nuova evoluzione.

Compiono prima di tutto il rito dell'osservatore: osservano, senza giudizio, cercano la consapevolezza di ciò che accade.

E poi officiano il rito della perfezione: tutto è perfetto per lo scopo per cui è stato da loro stessi co-creato.

E poi attendono che sia il sottile e il senza tempo ad agire con le sue forze o, se preferite, che sia l'anima: verrà un sogno o una sincronicità, un'immagine o un ricordo e darà la risposta.

Svelerà ciò che va svelato e rivelerà la coppia nuovamente protetta.

È così che le coppie sacre celebrano i propri riti tutti i giorni e come i bambini tutti i giorni si stupiscono.

Non a caso Eros è un dio bambino.

Quando si stupiscono si reinnamorano l'uno dell'altra e del mondo e sono pieni di vita.

Allora sono come bambini che fanno l'amore col mondo.

Terza parte

Praticamente coppia

9. Da Seattle a Milano: il linguaggio segreto delle coppie

Molte coppie confliggono, litigano e si lasciano per un puro problema di comunicazione.

Al *Relationship Research Institute* nei pressi dell'università di Washington a Seattle, John e la moglie Julie Gottman, psicologi con esperienza decennale nelle dinamiche delle coppie, e i loro collaboratori del *Love Lab*, possono predire con un'accuratezza del 91% se una coppia durerà o meno osservandone l'interazione per soli cinque minuti.

Avete letto bene, solo cinque minuti.

Ero scettica anche io, ma la storia di una coppia che ho seguito con la mia équipe mi ha convinto che, in effetti, era proprio così. Bastava che ci fosse *quell'elemento* e il naufragio era sicuro.

Quell'ingrediente *sbagliato* e... la ricetta sarebbe stata un *flop*.

Li chiamerò Isabella e Riccardo.

Venne prima lei. Erano in crisi da un anno.

Non avevano più rapporti sessuali da un pezzo e lei si sentiva frustrata.

Era arrabbiata, delusa e piena di ansia.

Lui per converso appariva depresso, quasi apatico, sebbene poi fosse capace di battute ironiche e intelligenti che mostravano una psiche sensibile.

Erano entrambi parecchio provati dalla situazione, ma fermamente convinti del progetto comune (peraltro coronato qualche anno prima dalla nascita molto desiderata di un figlio).

Volevano stare insieme ed erano disposti ad affrontare qualsiasi trattamento.

Così iniziammo con il mio giovane collega Emanuele Botta il protocollo dell'analisi emotivo-comportamentale di cui parlerò in un prossimo capitolo.

Io conducevo i colloqui, uno congiunto e due individuali con ciascun membro della coppia, a cui venivano formulate identiche domande.

Tutti i colloqui erano videoregistrati e a Emanuele, esperto come me nella metodologia Ekman di riconoscimento delle microespressioni, spettava il compito – senza avere alcuna informazione sulla coppia che potesse condizionare l'osservazione delle videoregistrazioni e la raccolta dei dati – di svolgere l'analisi emotivo comportamentale, osservando i video *frame by frame*, con una precisione fino a 1/25° di secondo.

È quasi come effettuare una TAC del comportamento, una radiografia dei cinque canali della comunicazione, con particolare attenzione per le microespressioni del volto.

E, come accade in un film quando il medico aspetta il referto dell'esame, speranzoso per il suo paziente, io attendevo i risultati della valutazione.

Ma un po' come nei casi in cui il medico ha già fiutato o intuito la presenza di qualcosa di serio, io temevo che quelle espressioni che avevo osservato già durante i colloqui fossero un dato reale, speravo fossero state un mio errore e speravo che il setaccio dell'analisi emotivo-comportamentale mi avrebbe smentito.

Invece Emanuele mi disse subito: "Ci sono parecchie microespressioni di disprezzo, da parte di tutti e due. Se Gottman ha ragione, non so quanto dureranno insieme".

Lo temevo, al tempo stesso non ero e a tutt'oggi ancora non sono così folle da dare più peso a un dato osservazionale che alla forza dell'intenzione umana.

Così cominciammo il nostro percorso e mi centrai in modo particolare sulla ripulitura di qualsiasi mia credenza che potesse interferire nel lavoro.

Oltretutto in fondo tifavo per loro, per il lieto fine che tutti vogliono in ogni fiaba che si rispetti.

Oggi però ho imparato che, se ritrovo microespressioni di disprezzo nel lessico relazionale di una coppia, devo io per prima accettare il fatto che assai spesso quella coppia, credendo di venire in terapia per farsi curare e proseguire, è venuta in realtà per farsi aiutare a lasciarsi.

Ho anche imparato che molto spesso per una coppia lasciarsi bene è l'ultimo e il più alto atto d'amore, anche quando ci sono figli di mezzo.

A volte in questi casi lasciarsi come coppia coniugale è la porta per una dimensione di coppia genitoriale finalmente buona e sana.

Ma cosa accadde a Isabella e Riccardo?

Iniziammo le sedute, sia individuali sia congiunte.

Un meraviglioso percorso, davvero.

Apprezzato da entrambi e dalla sottoscritta, non senza momenti di grande criticità e altri di grande commozione.

La motivazione altissima e l'intelligenza emotiva di entrambi che mano a mano andava crescendo diedero in effetti i loro frutti.

Lui risolse antichi conti in sospeso con il proprio passato, lei imparò a essere donna più che la figlia di papà nella sua relazione di coppia.

D'estate in vacanza ripresero a fare l'amore. Mi scrissero una mail per dirmelo. Ero davvero contenta e ricordo che pensai: *Ecco, qui Gottman ha sbagliato; d'altronde c'è un 9 per cento che ce la fa...*

Qualche mese dopo fu lei a ricontattarmi.

Una strana richiesta, sibillina direi... mi diceva che aveva capito qualcosa che era lì da tanto tempo e che si era sentita sollevata come non mai e doveva parlarmi.

Venne e senza preamboli mi disse: "Ho deciso di separarmi da Riccardo. Non sono più innamorata di lui da tanto tempo. Mi chiedo se mai lo sia stata. Forse no, non nel modo in cui ho capito che posso amare. Volevo che tutto fosse perfetto e so che è così anche per lui e mi sono resa conto che non l'ho mai accettato per com'è, né lui lo ha fatto con me... ero subito pronta a umiliarlo se non faceva come volevo io, e lui altrettanto con me. Ci siamo fatti tanto male, poi le sedute ci hanno cambiato e oggi io non voglio più ricadere in quella dinamica di rifiuto reciproco perché gli voglio bene. Ma appunto, gli voglio solo bene... Null'altro... e non sento che potrei mai accettarlo per ciò che è fino in fondo".

Ero senza parole. D'altronde che dire di più?

Quando il disprezzo serpeggia equivale all'incapacità di vedere nell'altro qualcuno degno di te.

Come avrete capito l'ingrediente velenoso è questo: il disprezzo.

Gottman e il suo *team* hanno seguito centinaia di coppie anche nel corso del tempo, osservando il modo in cui litigavano, discutevano e risolvevano i conflitti.

Non ha individuato solo il disprezzo come fattore di grande rischio, ma anche altri fattori come precursori del naufragio di un rapporto, che attengono proprio alle modalità delle interazioni e dei quali vi parlerò nel capitolo relativo all'arte di comunicare in coppia.

Ora voglio soffermarmi in modo particolare sul disprezzo perché è senza dubbio un punto centrale dell'intelligenza emotiva, non solo per le coppie ma anche nella vita di relazione in generale e per la vostra salute.

Il disprezzo è una difesa in realtà. L'ultima strenua difesa contro la critica.

Quando la critica è dura e il senso di essere sbagliati si fa sempre più forte, l'unico modo di difendersi infatti è quello di mettersi su un piedistallo e guardare l'altro dall'alto in basso. In questa fase si usa molto il sarcasmo, o ci si prende gioco dell'altro.

Situazioni del tipo in cui lei furiosa dice al marito se sa dove si trova l'aspirapolvere visto che in casa non fa nulla e lui sarcastico risponde, guardando di solito il terapeuta e ammiccando: "Magari ci sta anche quello nella tua borsa, vista tutta la roba inutile che ti porti dietro!".

L'esempio di Gottman che ho sempre trovato tristemente esilarante è quello del correggere la grammatica dell'altro durante una sfuriata. Magari lei urla "Se tu mi *aiuteresti* almeno a guardare i bambini mezz'ora io riuscirei a preparare un cena decente!" e lui risponde "Cara, si dice *se tu mi aiutassi*, non *se tu mi aiuteresti*!".

O le situazioni in cui lei, soprattutto di fronte a terzi, ironizza sulle prestazioni sessuali di lui inesistenti, come quando lui, molto arrabbiato, diceva "In casa mia non sono praticamente nessuno, va bene che ormai le donne portano i pantaloni da tempo, ma ancora non hanno gli attributi" e lei mi guardò ammiccante e mi disse "Beh, per quelli che ha lui, i pantaloni non credo servano più".

Gottman e il suo *team* hanno verificato che la persona che subisce il disprezzo dell'altro ha un abbassamento delle difese immunitarie, con evidenti ricadute sullo stato di salute.

Il disprezzo segnala la fine del rapporto a differenza della rabbia che rappresenta ancora l'esistere di un coinvolgimento e di un attaccamento che si possono recuperare.

Nulla colpisce il nostro cervello emotivo e anche la nostra fisiologia quanto il sentirsi emotivamente allontanati dalle persone che ci stanno accanto, il consorte, i figli, i genitori.

Chi è solito difendersi dal conflitto o reagire con la freddezza, il distacco, la durezza e il sarcasmo tenga ben presente che sta agendo la peggiore soluzione, la più distruttiva e pericolosa per il rapporto.

A partire dal 1972 Gottman e i suoi colleghi hanno incontrato migliaia di coppie, alcune volontarie, altre che avevano contattato il *Love Lab* per iniziare una terapia. Tutti gli incontri sono stati filmati, registrati e analizzati, e durante le conversazioni fra i partner sono state analizzate microespressioni che durano anche soltanto qualche frazione di secondo e registrati molti dei loro parametri fisiologici, per esempio il ritmo cardiaco, la traspirazione, la pressione arteriosa e alcune funzioni immunitarie. Le coppie sono state seguite periodicamente per anni dopo il primo incontro, e Gottman e la sua équipe hanno cercato di rintracciare gli elementi negativi ricorrenti per cercare di stabilire se e in quale misura è possibile prevedere la riuscita o il fallimento di una relazione di coppia.

Una parola di troppo, una minima smorfia di disprezzo e di disgusto appena percepibile sono sufficienti a produrre un'accelerazione del ritmo cardiaco nel destinatario.

Una frecciata, una stoccata umiliante sono in grado di portare la frequenza cardiaca da 70 a 110 battiti al minuto.

Il fatto è che questo produce quello che chiamiamo *shutdown corticale*: il cervello limbico, allertato in questo modo, cortocircuita i *network* del cervello corticale.

Risultato? Il cervello cognitivo non è più in grado di ragionare e soprattutto la corteccia prefrontale, sede delle funzioni integrative, della capacità di dare un senso a ciò che ci accade e di sentire la connessione con gli altri e con il mondo, si trova del tutto scollegata.

Entrambi i sessi sono sensibili a questo meccanismo detto di *affogamento* affettivo, ma gli uomini in particolare, vista la rapidità con cui attivano il *network* dell'amigdala, vanno incontro rapidamente a uno stato nel quale, attivata la loro fisiologia cardiocircolatoria, reagiscono subito in termini di puro attacco e difesa.

Questo genere di scambi suona a tutti familiare:

Lui: "Mi hai messo a posto...?".

Lei: "Mi hai messo a posto le calze?! Perché dovrei? Tu forse metti a posto le mie? Non sono la tua governante!".

Lui: "Beh, se fossi una governante romperesti meno i...!".

In uno scambio come questo la fisiologia di entrambi si sregola molto in fretta, con esiti davvero terribili.

I cervelli limbici di ciascuno prendono il sopravvento sulla corteccia prefrontale, registrano un pericolo in atto e cominciano a reagire con attacco o fuga.

Dunque, da questo momento, mai più disprezzo.

Almeno, provateci.

Non vi sto dicendo di non litigare, non a questo punto del libro quanto meno, ma di imparare a farlo bene.

9.1 Quello che dovete conoscere per... litigare bene

Per litigare nella maniera giusta dovete innanzitutto conoscere ed evitare i quattro cavalieri dell'apocalisse emotiva di Gottman: *Criticism*, *Defensiveness*, *Contempt and Stonewalling* (traducibili come *Critica*, *Atteggiamento di difesa*, *Disprezzo* e *Fare muro*).

Questi sono i precursori della precipitazione di un rapporto, nonché di possibili malattie cardiovascolari, deficienza del sistema immunitario, cardiopatie varie e forse anche cancro.

La critica è il primo stadio. In pratica quando sorge un problema uno dei due partner decide di affrontare il discorso con l'altro incolpandolo dello stato delle cose. È molto facile criticare l'altro credendo invece di esprimere ciò che si sente. Un classico esempio: "La casa è sempre in disordine perché tu sei disordinato!". Normalmente la critica, che potrebbe essere circoscritta alla situazione specifica, viene invece generalizzata a tutta la persona.

Mi sono spesso trovata di fronte a coppie nelle quali chi muoveva la critica era persino convinto di fare un favore all'altro, aiutandolo a capire in cosa stava sbagliando, o meglio in cosa fosse sbagliato come persona, e non riusciva assolutamente a capire come l'altro non riuscisse ad apprezzarlo. Tutto cambia se al posto della critica sotto forma di giudizio sulla persona utilizziamo una spiegazione, magari anche esplicitamente soggettiva – "A me non piace quando..." – proseguendo con l'espressione emotiva di ciò che ci arreca fastidio. Questo aiuta a eliminare il senso di aggressione all'altro e favorisce la possibilità di affrontare insieme il problema.

Vediamo di seguito con qualche esempio come fare.

Critica: "Sei il solito ritardatario, sei un vero egoista!".

Espressione emotiva: "È già molto tardi, mi sento sola e mi preoccupo quando devo aspettarti così!".

Critica: "Sei troppo disordinata, sei esasperante con questo casino!".

Espressione emotiva: "Per sentirmi bene ho bisogno di ordine intorno a me e la mattina mi infastidisce vedere il disordine in cucina: ti spiace se mettiamo in ordine la sera?".

È davvero facile trasformare una lamentela del tutto legittima, che ha tutte le carte in regola per essere accolta, in una critica che innescherà solo risentimento e collera o, peggio, pure un violento contrattacco. Noi tutti sappiamo come non vogliamo essere trattati, tuttavia ci riesce molto più difficile definire come ci piacerebbe essere trattati, anche se siamo subito intimamente riconoscenti a chi si rivolge a noi con intelligenza emotiva.

Quando invece veniamo accusati di un comportamento, indipendentemente dal fatto che sia vero o meno, ci sentiamo aggrediti e quello che accade è che adottiamo immediatamente un atteggiamento di difesa.

Entra in gioco così il secondo cavaliere. In pratica si cerca di giustificare il proprio modo di fare, oppure, sentendosi accusati ingiustamente, si parte al contrattacco.

"Se io sono egoista tu sei un freddo insensibile!", arrivando a volte anche agli insulti.

Mentre ci si offende reciprocamente la pressione del sangue sale. Il terzo cavaliere pronto in agguato è il disprezzo.

Sappiamo già che il disprezzo è il più pericoloso per il nostro sistema limbico, ovvero quella struttura funzionale del nostro cervello che presiede alle risposte emotive e alla regolazione corporea, e che entra nella genesi dei traumi.

Disprezzare significa tanto insultare ("Sei un vero idiota!") quanto svalutare ("Il tuo comportamento è inadeguato"). Il semplicissimo "Sei ridicolo" è altrettanto micidiale, per non parlare del tipico "Poveretto" o "Poveraccio"...

Rientra nel disprezzo anche il sarcasmo, che fa ridere al cinema ma molto meno fra le mura domestiche ("Trovo che il nostro cane dopo un giro al parco sporchi per casa meno di quanto non faccia tu!").

Non dimentichiamo espressioni del viso, occhi al cielo, labbra all'ingiù che ghignano, sguardi di traverso o dal basso in alto, facce di commiserazione, etc...

Provate a pensare quando vi siete trovati a ricevere un simile trattamento: non vi ha forse trapanato il cuore e i visceri e fatto salire una rabbia primordiale?

Come si può pretendere di trattare con qualcuno cui abbiamo appena manifestato inequivocabilmente a gesti e parole quanto ci disgusta?

È così che contrattacco e ritirata totale prendono il sopravvento.

Questi non sono altro che l'espressione della reazione limbica *fight or flight* descritta nel lontano 1930 da Walter Cannon, fisiologo dello stress: sono le risposte impresse nei nostri geni dai tempi dei dinosauri, e vanno ancora bene per una formica, un ragno, un cobra, uno scarafaggio... insetti e rettili, privi – ahimè – di strutture di integrazione emotiva a livello cerebrale...

Eppure questo accade ancora nei nostri uffici, nelle nostre case, nel nostro Parlamento...

Nei cosiddetti *reality* se non accade lo fanno accadere...

Il contrattacco ha due esiti possibili: o chi contrattacca vince o l'altro rincara la dose. È la legge del più forte che lascia sempre uno dei due contendenti sconfitto, ferito, deluso e per la verità, alla fine, tutti e due sconfitti. A quel punto il baratro emotivo è sempre maggiore.

L'ultimo cavaliere è l'atteggiamento di muro, che è in correlazione con un aumento del battito cardiaco. Il muro è quello per cui mentre uno inveisce, l'altro si chiude in un marmoreo silenzio, a dimostrazione del fatto che nulla può scalfirlo. Gottman in realtà ha visto che il battito cardiaco aumenta prima che si decida di optare per il muro.

In pratica visto che si sente il cuore impazzire, e sappiamo che il dialogo è chiuso ed è completamente inutile parlare, ci chiudiamo a riccio per evitare di esplodere. La ritirata totale è una specialità maschile, capace di rendere una donna davvero isterica. Spesso questa reazione precede la disgregazione finale del rapporto: è la tipica situazione in cui lei parla e sbraita e lui tace, si chiude, guarda altrove o addirittura legge il giornale. La faccenda può finire anche molto male, persino fisicamente, perché nel tentativo di far sentire all'altro il proprio dolore quello che urla passa pure all'atto, rompe un piatto, tira uno schiaffo... La violenza fisica è a questo punto il disperato estremo tentativo di riagganciare un contatto. Ovviamente, invano. È così che tante relazioni si rompono o semplicemente si rovinano per ostacoli che in verità sono di natura puramente comunicativa...

I quattro cavalieri dell'apocalisse sono i precursori di un divorzio. Se una coppia si trova spesso o sempre a tentare di risolvere i problemi discutendo in questo modo è praticamente certo che non riuscirà a sopravvivere a lungo sia come coppia sia come individui a causa dell'aumento percentuale di malattie.

Come fare? Si può imparare una forma di comunicazione non violenta, una comunicazione *emotiva* che, non solo vi metterà al riparo dai litigi dannosi per la coppia, ma promuoverà l'evoluzione interiore di ciascuno di voi verso i lidi della consapevolezza dove riposano al sole le *coppie sacre*.

9.2 I principi della comunicazione non violenta

Si parla molto di comunicazione assertiva, quella forma di comunicazione non violenta che permette di esprimere realmente ciò che si sente e di ricevere in cambio comprensione, nel rispetto dei propri limiti e dei bisogni altrui. Se ne parla molto, ma a quanti di noi è chiaro cosa sia realmente e come attuarla? Ecco alcuni suggerimenti pratici che da questo momento potrete iniziare ad applicare. Ne gioveranno non solo i rapporti di coppia ma in verità tutte le vostre relazioni.

1. Sostituite ogni giudizio o critica con un'osservazione obiettiva. Esempio: anziché dire "Tu non capisci i miei bisogni perché sei egoista" è assai meglio essere precisi e oggettivi ,"Nel nostro rapporto sento spesso la difficoltà di farti comprendere quello di cui ho bisogno".
2. Evitare ogni giudizio sull'altro e concentrarsi interamente su ciò che si sente. Esempio: anziché dire "Sei il solito/la solita ritardatario/a menefreghista" è assai meglio dire "Sei in ritardo, quando succede mi sento frustrato/a e qualche volta non considerato/a". Il segreto è descrivere la situazione con frasi che cominciano con *Io* invece che con *Tu*. Noi abbiamo spesso paura di renderci vulnerabili esprimendo quello che proviamo. In realtà, mostrare alla persona come ci sentiamo e farle capire il modo in cui ci siamo sentiti feriti risulta disarmante.
3. Rendere l'altro partecipe di una speranza delusa. Esempio: "Quando arrivi in ritardo all'appuntamento per andare al cinema mi sento frustrato/a perché mi piace molto vedere l'inizio di un film". Oppure: "Quando non mi telefoni per darmi tue notizie per giorni ho paura ti sia successo qualcosa: ho bisogno di sentirmi sicuro/a che vada tutto bene".

Quando abbiamo un problema, un qualcosa che ci infastidisce e di cui vorremmo parlare con il nostro partner proviamo a ricordarci di mettere in pratica le regole della buona discussione:

1. Lamentarsi ma senza incolpare nessuno: "La casa è in disordine. Mi avevi promesso di passare l'aspirapolvere e non l'hai fatto. Sono proprio arrabbiata/o con te!" che è diverso da "La casa è in disordine. Avevi promesso di passare l'aspirapolvere. Possibile che io non possa mai fidarmi di te? Sei il solito/la solita egoista".
2. Parlare in prima persona: "Mi sento trascurato/a" invece di "Non ti frega nulla di me"; "Vorrei risparmiare soldi" anziché "Spendi tutto lo stipendio in *shopping* compulsivo" (anche se la seconda frase esprime decisamente meglio il concetto!).
3. Descrivere la situazione senza esprimere un giudizio in merito: "Non so più come tenere il bimbo, sembra essere tutto sulle mie

spalle oggi" (sì, anche se avete la tentazione di urlare "Non ce la faccio più! Fai qualcosa o no?!").

4. Esprimere con chiarezza i propri bisogni: questa è una di quelle cose che le donne non fanno mai, vittime del modello culturale che le vuole compiacenti e remissive. Noi donne non chiediamo mai. Vorremmo che il nostro compagno fosse così intelligente da rendersi conto da solo che abbiamo bisogno di aiuto. È fondamentale invece che diamo voce alle nostre esigenze in maniera chiara e inequivocabile. Dire "Per favore controlla l'acqua della pasta mentre cambio il pannolino al pupo" è meglio che controllare l'acqua e cambiare il pannolino da sole contemporaneamente mentre lui naviga su FB, e intanto accumulare nervosismo, che poi senza rendercene conto ci renderà *acide* come poi veniamo definite dai signori uomini... anche perché nel frattempo potremmo rischiare di far finire un pannolino sporco nell'acqua della pasta o di bollire il pupo.
5. Infine vale sempre la pena di essere gentili e ringraziare sempre anche quando un gesto è scontato: gli effetti ripagheranno di gran lunga il piccolo sforzo, che poi diventerà un piacevole atto di cura reciproca.

Da non dimenticare l'utile *assistenza di emergenza* nella lite, per uomini:

Prendi sul serio la rabbia della tua partner. Non evitare i conflitti e affronta il problema. Non giudicare i sentimenti di tua moglie ("Sei troppo sensibile") ma rispettali. Le donne segnalano i problemi per risolverli insieme. Criticano per dire: "Facciamo qualcosa per il nostro rapporto". Alcuni studi hanno dimostrato che un buon matrimonio dipende più dal marito. Il suo spirito di coppia, la dimostrazione del suo affetto, la sua disponibilità a parlare e la sua immagine della storia comune sono cruciali. Fa' qualcosa per dimostrarle il tuo amore.

E... l'*assistenza di emergenza* nella lite, per donne:

Porta prima amichevolmente i tuoi reclami. Tuo marito non è sempre colpevole. Non volerlo sempre diverso da com'è, non pensare di cambiarlo. Non metterlo sotto pressione. Attenzione alle accuse poco obiettive.

In definitiva, in una coppia, così come in una relazione umana in genere, non ci sono cose che non si possono dire in assoluto. Come sempre conta il *come* più che il *cosa*. L'ultimo trucco da ricordare è la tecnica S.P.A.C.E.S, le cui iniziali servono per ricordare i punti chiavi di un corretto approccio emotivo alla comunicazione:

S - Sorgente: assicuriamoci di rivolgerci alla persona che è la fonte del problema e ha i mezzi per risolverlo. Inutile essere scontrosi con il partner per un problema in ufficio e viceversa... Sembra banale, ma è quello che spesso succede: se un collega ci fa una critica, non servirà a nulla essere nervose e sfogarci poi con il nostro partner al telefono...

P - Posto e momento: stiamo attenti a trovare un luogo protetto e un momento favorevole per la discussione. Non è una buona idea ad esempio discutere in pubblico, o in un momento di stress...

A - Approccio amichevole: per essere certi di essere ascoltati la prima cosa necessaria è farsi sentire, cosa improbabile se aggrediamo l'altro affogandolo nella nostra emotività. Inoltre ricordiamo che la parola migliore per cominciare una discussione è in realtà semplicemente il nome della persona cui ci stiamo rivolgendo: quindi cominciamo chiamando per nome la persona e proseguendo con qualche frase gentile, può sembrare molto difficile all'inizio ma ne vale la pena poiché apre le porte della comunicazione.

C - Comportamento obiettivo: a questo punto è il momento di definire il comportamento che ci è dispiaciuto ma limitandoci esclusivamente a una descrizione dell'accaduto. Nessun giudizio, solo i fatti.

E - Emozione: è importante far seguire alla descrizione dei fatti quella dell'emozione che si è provata, da non confondere però con la collera che è di solito l'emozione reattiva all'emozione provata. Per esempio "Quando hai detto davanti a tutti che sono lievitato/a mi sono sentito/a ferito/a e umiliato/a" (a questo segue la collera).

S - Speranza delusa: oltre a esprimere l'emozione è ancora più efficace proseguire e spiegare quale esigenza non è stata soddisfatta o quale speranza è stata delusa. Ad esempio, proseguendo la dichiarazione del precedente esempio: "Ho bisogno di sentire che tu mi accetti per come sono e di sapere che c'è uno spazio nostro, in cui possiamo discutere di ciò che non ci piace dell'altro in intimità".

Forse mentre leggete state pensando che tutto questo è un meraviglioso sogno, forse un'utopia. Forse state pensando che io sia una folle o un'ingenua e mentre leggete vi siete detti "Se sapesse come litighiamo… altro che stare a pensare a come dire le cose!".

Eppure dovete sapere che, di fronte a un problema, avete solo tre possibilità: l'aggressività, la passività e l'assertività.

Le prime due sono fallimentari: sia che aggrediate sia che diventiate passivi, rimanete sempre confinati nella reazione attacco o fuga e non vi spostate di un passo dallo stato di separazione e bisogno.

È vero che ci possono essere situazioni nelle quali non potete che reagire secondo lo schema *fight or flight*, perché non avete il tempo di attivare i circuiti prefrontali in sinergia con il sistema limbico, perché siete in una situazione di aggressione o di emergenza… o, semplicemente, perché non ne vale la pena.

Se la posta in gioco è davvero minima, allora non ha senso sprecare energie nel processo della comunicazione emotiva, tanto vale non reagire e togliersi dalla situazione il più in fretta possibile.

Se in un rapporto di coppia arrivate a provare questo, beh, è finito già da un pezzo.

In tutti gli altri casi l'assertività, cioè la comunicazione emotiva non violenta è l'unica strada che vale davvero la pena percorrere.

Conoscete ormai bene gli indizi che la relazione sta soffrendo e come si manifestano nelle modalità di gestione dei litigi. Quando gli approcci sono brutali, colmi di rimproveri e di insulti, di disprezzo e mancanza di considerazione, il rapporto di coppia è fortemente compromesso. La situazione può essere ancora aggravata da un linguaggio corporeo che esprime indifferenza o sfida, e dal fallimento sistematico di qualunque tentativo di gentilezza o di riparazione. I partner si allontanano sempre di più, si parlano solo per ferirsi, e del passato comune che in condizioni normali è un efficace serbatoio di positività non resta altro che delusione e qualche ricordo sbiadito e non più collocabile. Eppure, anche quando sembra che non ci sia più niente da salvare tranne l'intenzione di non distruggere tutto, come recita il detto, "Non è finita finché non è finita".

D'altra parte c'è anche un altro aspetto della comunicazione che è trascurato e riguarda i momenti positivi.

Per fortuna una relazione non è sempre conflittuale.

Una cosa che potete fare e costituisce un atto di amorevolezza e cura potentissima per la relazione è saper approfittare delle occasioni per approfondire il rapporto con il vostro partner.

Il modo più semplice per farlo è condividere, condividere, condividere… sia nel bene sia nel male.

Avete avuto una soddisfazione sul lavoro? Raccontatela. Vi sentite raccontare un momento bello della giornata del vostro partner? Gioitene con lui o con lei.

Avete avuto un'idea su un progetto da realizzare? Mettetene a parte il vostro consorte, che appunto è con-sorte.

State soffrendo per qualcosa? Senza che questo significhi scaricare sul partner il vostro dolore, permettetegli di fare parte di voi anche in quel momento.

Percepite che il vostro partner sta soffrendo, è chiuso in sé o ritirato? Offrite il vostro ascolto, rispettando la *nothing box* di cui abbiamo già parlato, ma dimostrando di saper essere davvero presenti.

Tutto questo lo chiamiamo *vicinanza emotiva* e ne parleremo ancora più diffusamente tra poco.

I momenti positivi sono ottimi anche per costruire i cosiddetti *ponti*: ricordi positivi, momenti belli trascorsi insieme, attimi di confidenze intime che ci permetteranno, in un momento di crisi, di ricordare a noi stessi e al partner tutto il bello della nostra relazione che nel momento della lite sembra sparire.

Le ricerche hanno dimostrato che nelle coppie che divorziano l'82% degli uomini ignora i ponti delle loro mogli e il 50% quelli dei loro mariti.

Nelle coppie che durano il tasso è solo del 19% per gli uomini e del 14% per le donne.

In queste coppie sostanzialmente accade che durante una lite uno dei due partner, alternativamente, sa porre una fermata tempestiva al dilagare della tensione e getta un ponte all'altro riferendosi a esperienze già vissute, liti già superate, cose che fanno sorridere e rilassare l'altro: in un certo senso, ognuno dei due partner sa essere di volta in volta il garante di una memoria emotiva della coppia che ne costituisce anche la solidità.

Questa solidità si costruisce dunque nel tempo, tesaurizzando a mano a mano emozioni e scoperte sull'intimità dell'altro.

Oggi esiste uno strumento che, qualora ci rendessimo conto di averne bisogno, ci può aiutare a fare tutto questo in modo ancora più profondo e anche più rapido: il *profiling emotivo*.

10. Il profiling emotivo: conoscersi di più per amarsi meglio

Immagino che, dopo aver letto il precedente capitolo, siate un po' preoccupati... forse alcuni di voi si staranno chiedendo che razza di microespressioni fanno quando parlano con il partner, oppure staranno guardando tutti i video di Gottmann che trovano sul web pronti a intercettare microespressioni sospette nel partner.

Alcuni magari hanno ripensato a relazioni finite male e hanno ritrovato lo spettro del disprezzo nel fallimento della storia.

In questo capitolo desidero risollevarvi il morale e anche dissuadervi dal mettervi a fare analisi di messaggi non verbali e microespressioni che è meglio lasciare, qualora serva, al lavoro del professionista.

Molto meglio invece che vi concentriate sull'approfondimento della conoscenza emotiva vostra e del vostro partner.

Intendo dire che c'è un mondo di emozioni che vive e fluisce in voi e nella persona con cui state che troppo spesso resta nascosto con i suoi tesori come un relitto nel fondo del mare...

Quanta intensità si perde per la paura della vicinanza emotiva...

Conoscersi davvero significa anche conoscere le proprie e le altrui emozioni, permettersi di esprimerle, imparare insieme e – perché no? – a *surfare* su di esse.

E conoscere i propri arcipelaghi emotivi, navigare in quelli del partner come un novello Jung o una rediviva Sabine Spielrein, non può che fare bene all'amore.

La capacità emotiva va di pari passo con la capacità di amarsi meglio.

In realtà la riuscita di una coppia potrebbe essere sorprendentemente semplice. Le coppie felici non sono né più intelligenti né più portate alla psicologia delle altre, ma nella loro vita quotidiana sono riuscite a stabilire una dinamica che impedisce ai pensieri e ai sentimenti negativi che esistono in ogni coppia di sommergere i pensieri e sentimenti positivi. In altre parole sono coppie emotivamente intelligenti. Che cos'è l'intelligenza emotiva? In breve, è la capacità di essere consapevoli delle proprie emozioni: più questa consapevolezza è presente, più si sarà in grado di capire gli altri e di intendersi con loro.

L'intelligenza emotiva non ha alcun rapporto con l'intelligenza razionale, ed è la sola utile per la felicità nelle relazioni. Per questo, quando con la mia équipe applico alle coppie il *profiling emotivo*, loro – che un po' guardinghe si apprestano a eseguire un test in cui temono di scoprire, odioso incubo di tutti, che *non vanno bene* – si sorprendono invece di essere messe di fronte a un affresco di sé che rivela pieghe sottili di cui all'inizio quasi incredibilmente vergognarsi e poi finalmente commuoversi insieme. Un altro miracolo sulla via della conoscenza. Lei che scopre come fluisce, sale e scende la rabbia di lui, lui che comprende la fuga di lei dall'intensità dell'emozione con quella chiusura spaventata che aveva inteso sempre come rifiuto e mai aveva compreso fosse solo una fuga. Lei che si sente improvvisamente descritta come mai prima, lui che infine smette di pensare di doverle dimostrare qualcosa. Il *profiling emotivo* altro non è che uno studio della fenomenologia emotiva di una persona.

Nasce anch'esso dagli studi poderosi di Paul Ekman e si concentra sull'analisi di come le diverse emozioni di base (rabbia, tristezza, sorpresa, paura, disgusto, disprezzo, gioia) e le secondarie (colpa e vergogna) si manifestano nella persona.

Qual è il loro *onset*, quale il loro decorso, la durata, la latenza, il tempo necessario per la discesa dell'impulso e così via.

Si disegna una curva come nel grafico qui a lato.

Il *profiling emotivo* si studia attraverso l'esperienza, osservando cosa accade al vissuto emotivo e alla sua espressione in relazione a determinati stimoli.

Come reagiamo a uno stimolo, come esprimiamo l'emozione che sentiamo, quanto a lungo rimaniamo nella fase refrattaria ovvero preda di quella emozione, immersi nella rabbia o nella tristezza senza che possa scalfirci nessun'altra emozione e tantomeno nessun tentativo di chiunque di fare breccia in noi.

Pensate quante volte noi donne, compresa la sottoscritta, vogliamo parlare e ci ostiniamo a farlo mentre il nostro partner è nella fase refrattaria della rabbia e non ascolterebbe neppure lo Spirito Santo che gli parla.

L'immagine mostra un esempio di profiling emotivo di coppia.
In questo caso è stata analizzata l'emozione della rabbia e vengono riportati nel grafico i profili dei due partner.
Nel profiling vengono considerati: l'onset, cioè l'esordio dell'emozione, la salita, cioè la rapidità o meno dell'incremento dell'intensità emotiva, il punto di picco, cioè di massima intensità, la durata della fase di latenza o refrattarietà, intesa come la durata del periodo nel quale il soggetto è immerso nell'emozione ed è impermeabile a qualsiasi altra emozione e, infine, la discesa dell'emozione.
Come si può notare, dal grafico, facilmente è possibile confrontare i due profili e, ad esempio, in questo caso, comprendere come la rabbia del soggetto maschile salga più rapidamente e a livello più intenso di quella del soggetto femminile, nel quale la rabbia raggiunge un picco inferiore e mantiene anche una fase di latenza di durata leggermente inferiore.
Il profiling può essere molto importante per la coppia, perché rende ragione della diversa intensità dell'espressione emotiva dei partner e del diverso timing di questa espressione, fattore che può contribuire grandemente a determinare difficoltà di comunicazione ed empatia.
All'inverso, la comprensione del profiling del partner da parte dell'altro, favorisce una comunicazione emotiva competente e costruttiva.

La conoscenza dei profili delle emozioni della persona che amiamo è una fonte di empatia che ci permette di entrare in profonda sintonia con quella persona.

Conoscere i suoi climi emotivi, i flussi delle sue emozioni, i tempi dei suoi silenzi e delle sue parole, i modi in cui far nascere i suoi sorrisi è uno dei più alti atti d'amore che si possa donare e che tocca profondamente il DNA emotivo di chi ci sta accanto e persino l'eredità affettiva transgenerazionale che porta con sé.

Il *profiling emotivo* tocca infatti le memorie emotive che portiamo con noi, quelle relative ai climi emotivi e alle regole non scritte della nostra famiglia di cui ho a lungo parlato nel mio libro *Anatomia della guarigione*, Anima Edizioni.

Climi emotivi e regole non scritte della famiglia condizionano la nostra competenza emotiva, il nostro carattere, le nostre difese, ed entrano fortemente a determinare la qualità della nostra relazione di coppia.

Pensate al caso in cui – e accade molto spesso per la legge degli opposti che si attraggono – una donna che proviene da una famiglia con clima emotivo temporalesco (quello in cui si alza spesso la voce, anche per motivi futili si scatenano tuoni, fulmini e saette ed è normale che ci sia un'intensa esternazione emotiva) si metta in coppia con un uomo che proviene da una famiglia con clima emotivo freddo con possibili nevicate (quello in cui si è molto formali, ci sono poche effusioni e poche esternazioni emotive e quando accade qualcosa ci si chiude in sé piuttosto che parlare).

Lui sarà attratto dal fuoco di lei e lei troverà refrigerio nella fresca calma di lui.

Ma quando discuteranno cosa accadrà? Lei alzerà la voce, farà una scenata e lui si chiuderà sempre di più.

Un bel disastro per la relazione. Basterebbe invece che entrambi conoscessero il reciproco profilo emotivo.

Pensate anche alla situazione nella quale lei ha imparato che piangendo otteneva attenzioni – una delle regole non scritte più diffuse per le donne – e lui invece abbia avuto la regola non scritta che le lacrime generano abbandono perché ogni volta che piangeva (ribadisco ogni volta, non ogni tanto) i genitori lo ignoravano.

Provate a immaginare cosa accade quando si crea un conflitto nella coppia... lei piange e lui la ignora.

Provate a pensare se, come è capitato a una coppia che ho seguito, lei perde l'amato padre ed entra in un lutto profondo e desidera che il partner le stia vicino, ma ogni volta che piange lui si ritrae. Lui vorrebbe saperle stare vicino meglio di così ma non l'ha imparato. Lei però si sente trascurata nel suo dolore.

È così che con il mio gruppo di lavoro abbiamo iniziato a utilizzare sempre più l'analisi emotivo-comportamentale con le coppie e anche con le famiglie, fino a creare un vero e proprio iter di intervento che ci permette di accelerare la comprensione dei nuclei conflittuali, stabilire le strategie migliori di intervento e, in alcuni casi come quello che vi racconterò fra poco, addirittura risolvere il problema nel giro di qualche incontro.

Abbiamo chiamato questo approccio semplicemente *Analisi Emotivo-Comportamentale di coppia e/o famiglia*. L'analista emotivo-comportamentale applica una metodologia ideata dal professor Paul Ekman con lo scopo di redigere un profilo dei soggetti identificando una serie di elementi in merito a quanto riferito e in merito alla persona stessa che lo sta riferendo, su base fenomenologica, quindi osservando i suoi comportamenti e le emozioni provate mentre quelle cose vengono dette.

L'attenzione viene focalizzata sulla comunicazione e sui cinque canali che si attivano spontaneamente mentre stiamo comunicando, canali di cui determinati segnali sia facciali sia corporei vengono considerati allo scopo di identificare le emozioni corrispondenti provate mentre si parlava, ed esplorando poi il perché e in relazione a che cosa quelle emozioni venivano provate.

Paul Ekman ha dimostrato l'esistenza di sette emozioni primarie aventi *display* cinesico facciale universale.

Ciò vuol dire che esistono sette emozioni che, strutturate su base evolutiva – dunque per ragioni di sopravvivenza della specie – vengono espresse con una mimica facciale che è uguale per tutti gli esseri umani, prescindendo dal sostrato socio-culturale di appartenenza.

Tale modello trova i suoi natali nella teoria evoluzionista di C. Darwin, la quale sostiene che tale peculiarità espressiva si è consolidata per queste emozioni primarie in quanto si sono rivelate necessarie allo scopo di preservare la specie umana nel corso del suo sviluppo.

Queste emozioni sono: felicità, rabbia, tristezza, disgusto, paura, sorpresa e disprezzo. A ciascuna di queste sette emozioni corrispondono determinati movimenti dei muscoli del volto, i quali le identificano in modo peculiare.

Tali attivazioni muscolari sono codificate nel FACS (*Facial Action Coding System*), scritto appunto da P. Ekman, W.V. Friesen e J.C. Hager. Ekman ha inoltre scoperto le microespressioni, ossia espressioni facciali relative sempre alle sette emozioni base, che però appaiono sul volto per un tempo che va dai 0,17 ai 0,25 secondi, in modo involontario e inconsapevole.

Altri studi stanno attualmente avvenendo allo scopo di identificare tratti universali espressivi anche di altre due emozioni quali la vergogna e il senso di colpa.

Ekman ha inoltre contribuito a specificare ulteriormente il modello della comunicazione proposto dalla scuola di Palo Alto e della pragmatica della comunicazione di Watzlawick, identificando cinque canali della comunicazione: stile verbale, contenuto verbale, voce, linguaggio del corpo, microespressioni facciali, ciascuno con caratteristiche associabili alle sette emozioni universali.

Il suo metodo si rivela efficace in quanto le emozioni primarie, ribattezzate *universali*, sono emozioni che noi non possiamo fare a meno di provare e, per via appunto della loro universalità espressiva, possono di conseguenza essere identificate con questa metodologia, anche dall'esterno, con maggiore efficacia e attendibilità.

In questo modo l'analista emotivo-comportamentale può trovare degli indici reali e scientificamente validi che lo mettano in condizione di facilitare e accompagnare nel proprio percorso di consapevolezza emotiva la persona stessa che sta vivendo quelle emozioni, ossia può aiutare la persona a conoscere in modo più completo ciò che sta provando, nel tentativo di comprendere insieme perché e per chi o cosa.

La microespressione è in fondo una fuga di notizie, un indizio che, se opportunamente mostrato e spiegato alla persona, naturalmente sempre nel rispetto del suo consenso, fa accrescere rapidamente la consapevolezza di se stessa e il riconoscimento delle proprie emozioni.

All'interno della relazione di coppia, in particolare, lo scopo diviene quello di offrire maggiore consapevolezza di alcune dinamiche che si creano all'interno della coppia e che, una volta esplorate e verificate, aiuteranno i partner nel focalizzare l'attenzione sui propri atteggiamenti e modi di esprimere ciò che sentono e vivere ciò che l'altro mostra di sentire.

L'obiettivo è dunque offrire spunti di riflessione su cui poter lavorare insieme in modo scientificamente attendibile ma mai giudicante. L'analisi emotivo comportamentale è utile perché permette di conoscere e riconoscere meglio le nostre emozioni e soprattutto di dare loro un nome appropriato, permettendoci così innanzitutto di accettarne la presenza, di viverle, e di conseguenza cercare di gestirle con noi stessi e con il partner.

Conoscere le reali emozioni che mettiamo in gioco e che si attivano all'interno di una relazione di coppia può permettere non solo di risolvere eventuali conflitti, ma anche di prevenirli, di impedirne l'inasprimento, il permanere irrisolti o, come spesso accade, il restare falsamente risolti.

La coppia apprende così che ogni emozione ha la sua utilità. Non esistono emozioni di per sé disfunzionali. Disfunzionale al contrario può divenire il modo con cui le gestiamo, o meglio con cui loro possono arrivare a gestire noi.

L'analisi emotivo-comportamentale di coppia è un procedimento semplice che si struttura in sei fasi di base:

1. Un primo incontro di conoscenza della coppia in cui l'analisi emotivo-comportamentale viene eventualmente proposta e dunque spiegata.
2. Una seduta individuale per partner che verrà videoregistrata. In questa seduta verranno proposte domande uguali, con opportune modifiche all'occorrenza, a entrambi i partner in merito a se stessi, al perché hanno deciso di provare l'esperienza di una consulenza di coppia, e naturalmente in merito alla relazione coniugale in corso. È possibile che venga richiesta successivamente anche una seduta di coppia videoregistrata, a discrezione del professionista.
3. Esame video. Il video delle sedute verrà esaminato da un analista emotivo-comportamentale, diverso da quello che ha condotto

le interviste e che non avrà mai assistito a una seduta della coppia, al fine di rilevare i principali indici inerenti i cinque canali della comunicazione senza essere influenzato da precedenti rilevazioni o *feed-back*.

4. Discussione di quanto rilevato dall'esame video con l'analista emotivo-comportamentale che ha effettuato i colloqui. I dati raccolti e le relative ipotesi vengono confrontate fra due analisti competenti in modo tale da avere un doppio raffronto che permetta un'ulteriore precisione e accuratezza di quanto verrà restituito.
5. Restituzione individuale. I risultati emersi e le relative ipotesi vengono restituiti individualmente e, previo consenso, a entrambi i partner simultaneamente. La restituzione non è un fenomeno passivo in quanto si punterà anche a esplorare il perché di quelle emozioni che potrebbero essere emerse e in merito a cosa si sente di averle provate. (Nel caso in cui durante la discussione individuale dovessero emergere contenuti specifici altamente delicati, di carattere legale o la cui restituzione in coppia potrebbe comportare il danneggiamento psico-fisico di uno dei due partner, tale fase non avrà luogo).
6. Restituzione di coppia. Previo consenso dei singoli, i risultati di coppia verranno quindi restituiti, in misura concordata con il terapeuta, a entrambi i partner simultaneamente. (Nel caso in cui durante la discussione individuale dovessero emergere contenuti specifici altamente delicati, di carattere legale o la cui restituzione in coppia possa comportare il rischio di danneggiamento psico-fisico di uno dei due partner, tale fase non avrà luogo).

Quello che vi sarà sembrato molto tecnico vi apparirà, come è apparso a me e ai miei colleghi, semplicemente straordinario leggendo la storia di questa coppia che ha risolto un'annosissima difficoltà relazionale grazie alla sola analisi emotivo-comportamentale.

La richiesta venne da lei, giunta a me attraverso un passaparola di conoscenze.

Il mandato fu subito di quelli che il terapeuta non vorrebbe mai sentirsi dire: "Questa è l'ultima spiaggia. Se non funziona ho già detto a mio marito che mi separo".

Lei docente universitaria, lui imprenditore.

Una bella coppia, con quattro figli di cui due maschi adolescenti.

Una storia d'amore nata sui banchi di scuola e ancora viva dopo più di vent'anni di matrimonio.

Sia lui sia lei mi dicevano di avere ancora voglia di stare insieme come il primo giorno, e di avere una vita sessuale appagante.

Il problema? Era l'aggressività di lui durante le discussioni con i figli.

In particolare, quando i figli maschi litigavano fra loro lui interveniva per dividerli e alzava le mani, diceva lei.

Lui non negava, ma diceva che si trattava di una cosa fra uomini, quasi un gioco di potere da maschi, che ormai i due figli erano grandi e lui doveva intervenire come fa il maschio capobranco per sedare la riottosità dei maschi giovani, e quando loro avessero avuto fisicamente la meglio su di lui allora avrebbe significato che erano adulti e pronti per diventare a loro volta capobranco.

Una prospettiva per così dire *etologica*, che era abominevole per lei, esperta di infanzia, insegnante, abituata a usare la parola.

È bene dire che i ragazzi non avevano mai riportato danni o lesioni e questo era confermato anche da lei.

Lei però si intrometteva nelle liti per fermarli – diceva lui – peggiorando le cose, urlando, piangendo, facendo diventare la cosa un reale dramma.

Lei diventava molto rigida, proprio come se fosse una docente in cattedra.

Lui si era presentato dicendo che per lui il problema non esisteva ma che, se per sua moglie lo era, allora era disposto a fare tutte le visite necessarie, e che se gli avessi detto cosa doveva fare lo avrebbe fatto. Non voleva perdere sua moglie.

Non proprio quella che si definirebbe un'assunzione di responsabilità, ma quanto meno un inizio.

Si comprendeva l'amore profondo che in realtà entrambi provavano l'uno per l'altra. Ma la questione stava proprio nella differente percezione che avevano del problema.

Per lei infatti era inaccettabile ciò che accadeva con i figli, per lui non c'era nulla di male, il problema era che fosse un problema per sua moglie, non che fosse realmente un problema.

Con queste premesse cominciammo l'analisi emotivo-comportamentale e il *profiling*.

Tre soli colloqui e poi due di *follow-up* e fu sorprendente ciò che accadde.

Nel colloquio individuale lui raccontò di come nella sua famiglia di origine vigesse la legge del più forte. Il più forte fisicamente.

Il padre era così, con lui, con i suoi fratelli.

Ogni richiesta andava vinta alle mani.

E ricordava benissimo il giorno in cui ce l'aveva fatta: era stato più forte di suo padre, lo aveva atterrato. Allora il padre gli aveva riconosciuto un diritto di esistenza, aveva iniziato a rispettarlo come un pari e lui di lì a poco era uscito di casa per farsi la sua vita, come un nuovo capobranco.

Era strano come nel flusso dei ricordi si alternassero in lui emozioni contrastanti: amore e odio per quel padre animale, sanguigno, eppure non crudele.

E mentre mi parlava, gli venne in mente la paura che aveva però da piccolo di quell'uomo grande e forte.

La sentì di nuovo come fosse allora, e quando gli chiesi se avrebbe voluto che la provassero i suoi figli, pianse.

Lei nel frattempo era apparsa ferma sulle proprie posizioni, e nel colloquio più che altro sembrava tenersi a distanza dalle proprie emozioni.

Ricordava bene però le dinamiche della famiglia del marito, indirettamente da ragazza le aveva vissute anche lei.

Diventava materna nei confronti del marito quando ne parlava. Lei si ricordava bene quanto era stato difficile per lui e voleva evitare questo ai figli, e in fondo curare lui.

Quando insieme si ritrovarono di fronte al resoconto dell'analisi emotivo-comportamentale dei loro colloqui individuali fu chiaro a entrambi che volevano la stessa cosa per i loro figli e che, come sempre accade, erano entrambi rimasti incastrati in un nodo del passato.

Lui, che era davvero dotato di una grande determinazione – effetto collaterale positivo dell'educazione ricevuta – disse che da quel momento sarebbe cambiato.

E così fece, a quanto mi dissero entrambi nei colloqui di *follow-up* dopo qualche tempo.

Non ho più avuto loro notizie e ne deduco che tutto sia andato per il meglio, e colgo qui l'occasione per ringraziarli di averci insegnato ancora una volta il potere dell'intelligenza emotiva.

11. L'ARTE DI COMUNICARE IN COPPIA

Avere una vita di coppia sana non significa andare per forza d'amore e d'accordo su tutto, non significa pensarla necessariamente sempre allo stesso modo, o avere un fronte unico sull'educazione dei figli in ogni circostanza. Nelle *coppie nell'unione* questo può accadere, ma semplicemente perché vi è una compenetrazione di anime, che non è cercata o guidata, semplicemente accade. Ma anche in queste coppie esiste il confronto, esiste la dialettica: ciò che fa la differenza è che confronto e dialettica sono accolti, non come fonte del conflitto ma come benedizione per la co-creazione di nuove forme e nuove evoluzioni. Le coppie che risultano per così dire *vincenti*, nel senso che continuano a rimanere insieme anche dopo anni, hanno soprattutto un modo completamente diverso di affrontare i problemi rispetto a quello che la più parte delle coppie attua. Hanno appreso un'arte raffinata e profonda, quella di saper comunicare in coppia.

Vediamo come.

Anche in questo caso le osservazioni di Gottman, che ormai ammontano a circa trent'anni di ricerche condotte su migliaia e migliaia di incontri e conversazioni con coppie di tutte le etnie, estrazioni sociali, confessioni religiose e livello culturale ed economico, ci vengono in aiuto.

Nel libro *The Seven Principles for Making Marriage Work*, John Gottman e Nan Silver spiegano nel dettaglio sette principi che fanno funzionare un matrimonio e che hanno dedotto osservando le coppie di successo nel loro *laboratorio dell'amore*. Si tratta di conoscersi a vicenda, di avere il coraggio di raccontarsi i propri sogni, di rivolgersi l'uno all'altra e non in direzione opposte, ma anche di gestire i conflitti, e di cercare una soluzione comune ai problemi e soprattutto, elemento molto importante, la capacità di recupero dopo un conflitto. La coppia vincente infatti non evita i conflitti ma li supera senza calpestare uno dei due componenti della coppia. Le discussioni rimangono a un livello pratico circostanziato al problema e, soprattutto, non vengono portate su un piano personale.

Facciamo ancora un esempio pratico. Anziché dire "La casa è sempre in disordine! Possibile che tu non riesca a essere più ordinato?" i componenti di questa coppia direbbero "La casa è sempre in disordine e questa cosa mi fa stare male. Quando mi guardo intorno e vedo oggetti ovunque non mi sento a mio agio. Non so come possiamo fare perché lavoriamo entrambi e il tempo di sistemare non c'è mai. Possiamo cercare una soluzione insieme?".

Questo genere di discorso pone l'altro in una posizione completamente diversa, non lo mette sotto attacco, e così è più facile che si instauri una collaborazione per risolvere il problema, anche se sentito solo da uno dei due. Nella coppia *vincente* in pratica ognuno è pronto ad assumersi la propria fetta di responsabilità per fare sembrare il problema più comune di quanto forse non sia (magari l'altro ama il disordine perché è convinto che aumenti la creatività, quindi per lui non è minimamente un problema).

Andando oltre l'approccio estremamente comportamentale di Gottman, io amo dire che in una coppia sana, che davvero è coppia, accade una particolare dinamica paradossale per cui ciascuno sa che i propri problemi non possono né devono essere risolti dal partner o spostati sulla coppia, ma contemporaneamente il problema di lei diventa il problema di lui e il problema di lui diventa il problema di lei, nel senso che se l'altro soffre o è preoccupato siamo in grado di condividere con lui o con lei, non sostituendoci a lui o a lei nella ricerca delle soluzioni e delle risorse come se fossimo noi in prima linea, e soprattutto non sentendoci offesi per il fatto che l'altro ha qualcosa che non va e non ci dà le attenzioni che vorremmo in quel momento.

In questo modo sentiamo di avere realmente una casa nel cuore dell'altro.

A livello teorico sembra tutto sempre semplice, alla fine si tratta di rispetto reciproco, e quindi non dovrebbe essere così difficile. Eppure sappiamo tutti quanto la frustrazione, la stanchezza, la voglia di urlare, la chiusura prendono facilmente il sopravvento.

Può essere utile allora tenere a mente i sette principi che Gottman suggerisce.

Principio numero 1 - Costruire il menu della tenerezza

"Per quanto possa sembrare bizzarro, molte coppie finiscono per non prestare più attenzione ai dettagli che costituiscono l'essenza della vita in comune. Uno o entrambi i partner finiscono per non avere la più vaga idea riguardo ai gusti, le avversioni, i timori, i sogni o le gioie dell'altro", afferma Gottman. Costruire il menu della tenerezza significa imparare a conoscere davvero l'altro, il suo mondo, essere curiosi di come è fatto. Questo è un modo per fare sentire l'altro davvero considerato. Dovremmo stare più attenti e riservare una parte dei nostri pensieri e della nostra intenzione alla vita a due: ricordarsi gli eventi significativi della vita dell'altro, delle persone che popolano la sua esistenza affettiva e professionale, dei suoi complessi e delle sue ambizioni... in breve, conoscerlo. Quando accade questo la relazione si arricchisce e a quel punto, quasi come un'alchimia, dalla comprensione scaturisce la stima e dalla stima anche la tenerezza.

Principio numero 2 - Coltivare la tenerezza e la stima reciproche

Molti studi dimostrano che la tenerezza e la stima sono due degli elementi più importanti di un amore a lungo termine. Può accadere che perfino nei *ménage* più felici possano talvolta verificarsi liti esasperanti, ma se tenerezza e stima sono presenti, i partner resteranno comunque convinti che il compagno meriti di essere onorato e rispettato. Quando questo non avviene, allora la relazione ha davvero poche *chance*. La buona notizia è che stima e tenerezza si possono accrescere semplicemente ricordando a se stessi quanto sono preziosi ed essendo consci di quanto si prova di positivo per il partner.

Principio numero 3 - Avvicinarsi

Secondo Gottman *"Hollywood ha deformato tremendamente le nostre idee dell'amore e di ciò che alimenta la passione. Nella vita reale il rapporto si nutre di piccoli gesti banali: ogni volta che fate sapere al vostro partner che tenete a lui nella quotidianità, voi alimentate la fiamma. Le scene che preferisco al* Love Lab *sono esattamente quelle che Hollywood eliminerebbe in sala di montaggio"*. Le piccole istantanee della vita quotidiana mantengono lo slancio alla coppia: leggere il giornale insieme, chiacchierare la mattina a colazione, sono questi, fra mille altri, quegli atti condivisi miliardi di volte che sembrano banali ma in realtà sono i mattoni di un contatto costante e indistruttibile. La vicinanza emotiva è anche una buona riserva di sicurezza nei tempi di crisi, proprio se è costruita nei gesti routinari, nelle piccole attenzioni. La cena annuale a lume di candela nel grande ristorante, la festa per l'anniversario, non servono a nulla se si presentano come un'isola fra mesi di isolamento e silenzio o di liti, battibecchi e lamentele. Meglio mantenere il contatto un giorno dopo l'altro che scappare in vacanza alle Bahamas, perché la vita a due è come una danza. A volte vogliamo stare più vicini al nostro amore, a volte vogliamo staccarci un po'. Alcuni hanno bisogni più frequenti di complicità, altri sono più indipendenti. Una coppia può funzionare anche se i partner si collocano ai due estremi, se solo sono in grado di capire le ragioni per le quali provano questi sentimenti e sono capaci di rispettare le differenze.

Principio numero 4 - Lasciarsi influenzare dal partner

Secondo le ricerche di Gottman sembra che questo sia un problema tipicamente maschile, perché analizzando i dati *"siamo stati sorpresi dalla differenza tra i sessi. Anche se le donne sono capaci di esprimere collera o altre emozioni negative verso il partner, raramente giocano al rilancio nella negatività. Per la maggior parte, le donne rispondono sullo stesso tono oppure cercano di calmare la situazione. Se un uomo dice 'Tu non mi ascolti!' la donna risponderà in generale: 'Scusa, ora ti ascolto'. Ma il 65% degli uomini non userà né l'una né l'altra di queste risposte. Le loro reazioni genereranno una* escalation *nella negatività, per esempio rispondendo: 'Ok, non ti sto ascoltando. E allora?', oppure 'Non ti ascolto perché non mi interessa', o peggio ancora 'Perché dovrei perdere il mio tempo?'"*.

È molto interessante come su questo tema valga il detto che fra il dire e il fare c'è di mezzo il mare. Provate a prendere un uomo e interrogarlo sulla visione dei ruoli maschile e femminile nella coppia e vi dirà che devono essere alla pari. In teoria. Perché nella realtà, per uomini abituati da millenni al dominio, imparare a fare quello che per il loro subconscio è cedere non è compito facile. In almeno l'80% dei casi, secondo Gottman, è la donna a sollevare i problemi di coppia più spinosi, mentre gli uomini cercano con ogni mezzo di evitare la discussione. In una coppia che duri e funzioni è fondamentale imparare a lasciarsi influenzare dall'altro nel senso di dare retta anche al suo punto di vista. Nessuno ama sentirsi una nullità e se questo accade crea un rancore che resterà come una zavorra pronta a pesare sulla prossima discussione.

Principio numero 5 - Risolvere i problemi risolvibili

Il quinto principio è basato sulla capacità di mettersi nei panni del partner e di ascoltarlo con attenzione, mostrando poi di avere compreso il suo punto di vista. Questi sono i gesti fondamentali:

- cominciare la discussione con calma
- imparare a fare e ad accettare dei passi verso l'altro di apertura reciproca
- imparare a esprimere frasi di rassicurazione per se stessi e per il partner rispetto alle paure che in fondo tutti abbiamo, di essere lasciati o prevaricati
- promuovere i compromessi
- essere tolleranti verso i difetti del partner (come dovremmo esserlo verso i nostri prima di tutto, aggiungo io).

Incredibile a dirsi, ma dovremmo trattare il partner almeno con la stessa cortesia e attenzione che riserveremmo a un conoscente. Un ottimo modo per cominciare qualsiasi dialogo con il fine di risolvere i problemi è esordire con la formula "Correggimi se sbaglio", che fa da titolo anche al bel manuale di Giorgio Nardone che consiglio spesso alle coppie che si rivolgono a me. Non dimenticate che il modo in cui una discussione finisce dipende sempre da come è iniziata. Da notare che le liti frequenti e violente non rappresentano che il 40% delle cause di divorzio; molto più spesso le coppie si separano perché l'uomo e la donna si allontanano l'uno dall'altra fino a perdere completamente amicizia e complicità.

Principio numero 6 - Superare i blocchi

Per blocchi intendiamo problemi che si rivelano molto difficili da risolvere anche quando ve ne sia l'intenzione. Di solito sono quelli che toccano aspirazioni, credenze, caratteristiche radicali delle persone, per esempio il dissenso fra il volere e il non volere figli, fra la vita casalinga e un'intensa vita mondana, e così via.

Se vivete una coppia di questo tipo e volete restare in coppia allora non potete porvi come obiettivo quello di risolvere *tout court* il problema, piuttosto dovete cominciare a spostarvi dalla situazione di blocco con il dialogo, cioè trasformandolo in qualcosa di cui si possa finalmente parlare. È bene dire che in casi come questi va tenuta in conto la possibilità che il conflitto resti bloccato. È però possibile che la coppia decida comunque di conviverci, e il blocco divenga l'occasione per aprire un dialogo più sincero.

Il segreto è parlare del blocco senza ferirsi a vicenda. Il blocco può e deve diventare oggetto di una ricerca di coppia, volta a comprenderne l'origine, la natura, la possibile evoluzione. I due smettono di essere contendenti e divengono ricercatori di una soluzione. In ogni caso è bene considerare che le divergenze profonde nascono da una ferita causata alle aspirazioni più intime di uno dei partner o di entrambi.

Se sentite di trovarvi in un blocco di coppia, non mettetevi sulla difensiva ("Se non mi capisce allora non mi ama") ma al tempo stesso non cedete. Se per voi quell'esigenza e o quel desiderio è un'aspirazione esistenziale profonda – per esempio tipicamente la situazione in cui uno dei partner vuole un figlio e l'altro no – esprimete chiaramente il vostro sentire e mettetevi al contempo nella posizione non di chi è ferito o offeso dall'altro, ma di chi innanzitutto è interessato a capire la posizione dell'altro e in seconda battuta si può interrogare sul perché abbia scelto e voglia stare con una persona con la quale non condivide un tema esistenziale così importante. È sempre meglio pretendere molto dalla propria relazione piuttosto che troppo poco.

Forse all'inizio i problemi si acuiranno invece che risolversi, ma la coppia ne guadagnerà comunque in sincerità e verità, e o il blocco si supererà o si riuscirà a trovare un modo di convivere anche con i limiti invalicabili o ci si lascerà, ma nel pieno rispetto e nella condivisione di tutte le intenzioni poste per trovare una soluzione.

Oltretutto, come spiegava bene un articolo riportato su *Scientific American Mind* che studiava come essere buoni genitori, fra le dieci cose più importanti che garantiscono una crescita serena ai figli ce n'è una che con i figli non c'entra apparentemente nulla: che i genitori abbiano una vita di coppia sana.

PRINCIPIO NUMERO 7 - ANDARE NELLA STESSA DIREZIONE

È capitato a molte coppie che hanno frequentato il *Love Lab*, come racconta Gottman, di arrivare un giorno a chiedersi se il senso dell'unione era davvero tutto in quella ripetizione di gesti e di abitudini della vita quotidiana e della *routine*, o se forse il significato vero della parola *coppia* non fosse invece stato smarrito anno dopo anno.

Se avete questa sensazione significa che è venuto meno un senso condiviso che vi dia la visione globale di dove state andando, il cosiddetto e famigerato *significato*. La coppia infatti non può e non deve ridursi alla *routine*, spesa, lavoro, bambini, scuola, vacanze, rapporto sessuale settimanale, ma deve necessariamente accedere a una dimensione spirituale legata alla creazione di una vita interiore vissuta a due.

Uno spazio interiore fatto di un lessico unico, intimo della coppia, che ha i suoi riti, i suoi simboli, e un senso profondo che informi la quotidianità e ricordi ai due che cosa li ha condotti ad appartenersi e diventare la famiglia che sono diventati. È innegabile che la vostra relazione sarà tanto più profonda quanto più le vostre aspettative reciproche sono simili. Non si tratta qui di problemi apparentemente superficiali come decidere dove trascorrere le vacanze, ma dei vostri sentimenti profondi su ciò che vi aspettate da voi stessi e dal partner, sui ruoli che volete assumere reciprocamente, sulla visione della vita. Più i vostri punti di vista saranno convergenti sui grandi temi, più la vostra relazione sarà forte. Potreste anche non essere d'accordo su tutti gli aspetti filosofici o spirituali della vita, ma dovrete almeno essere complici sul tipo di vita che volete vivere.

E infine, le cinque ore magiche: 10 minuti per salutarsi al mattino, 1 ora e 40 per chiacchierare alla fine della giornata, 35 minuti di coccole, 2 ore tutte per voi ogni settimana. Questo è il tempo minimo richiesto alla manutenzione della coppia.

"Qualche attimo consacrato ogni giorno alla vostra coppia farà bene alla vostra salute e gioverà alla vostra longevità molto più di qualche ora trascorsa in palestra". (John Gottman)

12. Io, te e le emozioni: la coppia come catalizzatore della guarigione emotiva

"La relazione affettiva è un concetto altrettanto reale e determinante di un qualsiasi farmaco o intervento chirurgico".
(Lewis, Amini, Lannon, *Una teoria generale dell'amore*)

Le emozioni sono al centro della vita della coppia, anche al centro dei conflitti della coppia.

Cerchiamo felicità, ma spesso finiamo per essere frustrati: ci sembra di non ricevere abbastanza amore, attenzioni, conferme.

Pensiamo che l'altro ci debba amare come vogliamo noi e se ci dice qualcosa che ci dà fastidio, beh, allora non ci va più bene.

Diventiamo dipendenti dal partner nel tentativo di ottenere ciò di cui abbiamo bisogno.

Abbiamo tante ragioni per stare in una relazione: per soddisfare i bisogni di base, per condividere la vita e realizzarci...

Sulla base del bisogno e del desiderio di soddisfare queste esigenze restiamo a volte troppo a lungo in una relazione che non ci appaga senza fare nulla per cambiarla, soprattutto per il timore di restare da soli, ma anche perché altrimenti ci diremmo che abbiamo fallito ancora e ci giudicheremmo inadeguati, oppure perché in fondo speriamo che in qualche modo si aggiusterà tutto.

E, in questo stato di paralisi, abbiamo una terribile paura di affrontare le nostre emozioni e quelle del partner.

Temiamo l'intensità di quelle emozioni, temiamo che esprimerle farà finire la relazione, che sarà troppo, oppure ce ne vergogniamo, perché ci fa sentire deboli e vulnerabili.

Invece, nei tanti percorsi che ho svolto con tante coppie e che non amo chiamare *di terapia* ma piuttosto *di trasformazione*, ho scoperto che la forza delle emozioni ha un potere straordinario e permettersi di viverla in coppia è un dono profondissimo che si può scambiare con chi amiamo.

Con le tante coppie con le quali abbiamo vissuto percorsi di ISTDP (*Intensive Short Term Dynamic Psychotherapy*) – la forma di psicoterapia breve dinamico-esperienziale che io applico e che è completamente centrata sulle emozioni nell'unità psiche-soma – abbiamo sperimentato momenti di intensità emotiva acutissima e commovente che hanno prodotto trasformazioni a volte davvero insperate.

Ciò che dovete considerare è che ciascuno di noi giunge alla coppia che forma con la propria dote di lezioni emotive, ferite, blocchi e convinzioni che derivano naturalmente dalle esperienze infantili e dall'eredità psicogenealogica e si riverberano, per così dire, nel DNA emotivo che costituisce la firma emotiva della persona, il suo carattere e modo di essere.

La scelta stessa del partner avviene per dinamiche inconscie figlie della risonanza emotiva che quell'individuo ha con il nostro *background* e, ancor di più, con i nostri irrisolti.

È con queste premesse che molte coppie si formano e cominciano il loro viaggio di potenziale guarigione emotiva.

Un viaggio possibile, un viaggio prodigioso, a patto di accettare di sentire le grandi forze che scorrono nei nostri inconsci.

Oltretutto, maggiore è la differenza tra i partner, maggiore il potenziale di trasformazione ma, come è ovvio, maggiore il fuoco che si sprigionerà.

Le emozioni, di cui ho parlato tanto a lungo nel mio libro *Anatomia della guarigione*, sono fatti fisici, vissuti nel corpo, collegati alla memoria biografica del sistema limbico e alle memorie ancora più precoci che abitano solo ed esclusivamente il corpo dalla gestazione fino ai due anni di età, per passare poi alla natura di ricordi biografici, cioè verbali, raccontabili con una narrazione, solo dopo il secondo anno di età, quando l'ippocampo, struttura limbica deputata all'archiviazione della memoria biografica, raggiunge una prima maturazione funzionale.

Possiamo dunque comprendere che le emozioni sono un codice che dal passato si fa vivo nel presente e giunge a rivelarci gli irrisolti, gli incidenti, i traumi che hanno lasciato un'impronta nelle nostre reazioni automatiche, nelle nostre credenze, nei nostri comportamenti.

È incredibile vedere come molte persone non si rendano mai conto che le emozioni che provano verso gli altri e come si sentono nella relazione è dettato proprio da come si sentono con loro stessi, dalle emozioni che provano per se stesse.

È così che in una relazione le emozioni che proviamo vengono a parlarci di noi.

I sentimenti e l'estasi, l'ardore e la passione, l'intimità e la gratitudine ci parlano dell'anima, ma la maggior parte delle emozioni sono l'eco dei nodi, sirene provenienti dal passato che al passato ci riportano con il loro canto.

Abbiamo bisogno di queste emozioni per raggiungere l'apertura del cuore e la manifestazione dell'anima, dell'unicità nostra, che sgorga dal sentirle e lasciarle fluire. Mentre le lasciamo andare, esse ci regalano l'ingresso in un'altra dimensione, dove la libertà di amare ed essere amati diviene finalmente consapevole.

Così abbiamo bisogno di emozioni per accorgerci a che punto siamo della nostra manifestazione di anima.

Così ogni relazione porta in superficie aspetti differenti di noi ed è per questo che a volte ci sentiamo tanto diversi con un partner piuttosto che con un altro.

Al contempo, potremmo accorgerci che i nodi irrisolti si ripresentano, sebbene camuffati in forme diverse, in tutte le relazioni, come un appuntamento con noi stessi che attende di essere compiuto.

Vi potreste chiedere allora quale sia la differenza tra svolgere un percorso emotivo individuale piuttosto che svolgerlo in coppia.

È bene dire che spesso nei percorsi di coppia si rende necessario anche svolgere qualche seduta individuale, con entrambi o uno solo dei partner.

Tuttavia ha senso svolgere un percorso in coppia quando entrambi sentono che il problema, la difficoltà, sono impastate con la vita della coppia stessa, quando è la coppia come fosse un individuo a soffrire prevalentemente o quando si riscontri una forte collusione tra i coniugi nel mantenimento invece che nella riparazione dei loro irrisolti individuali.

Penso alla prima coppia che ho seguito applicando la tecnica ISTDP, che la collega Josette Ten Have-de Labjie è stata una delle prime a utilizzare con le coppie, in maniera mirabile.

Fu lui a contattarmi, tramite un passaparola di amici che erano stati in cura da me.

Mi contattava a suo dire per un problema di attacchi di panico sul lavoro.

Era un manager di un grosso gruppo finanziario e aveva molte responsabilità.

Non mi convincevano però le microespressioni di ostilità repressa che mostrava rispondendo alle domande sulla sua famiglia: era sposato con due bambini.

La famiglia – diceva – non abitava a Milano, perché lui si fermava solo pochi giorni in sede e dunque avevano preso casa sul lago.

Riteneva che l'ansia fosse legata alle molte responsabilità e anche al fatto che la moglie volesse un altro figlio e lui no.

Ma indagando meglio, raccontò, come se fosse una cosa che non si poteva cambiare, di alcune zone per così dire d'ombra, fra lui e la moglie.

Innanzitutto il passato di lei. Era slava e gli aveva raccontato di alcune violenze subite nell'infanzia che lo avevano impressionato.

Si vergognava molto nel dirmelo, ma una parte di lui la considerava sporca.

Infatti riusciva a fare l'amore con lei solo se lei indossava un certo tipo di lingerie, diciamo così, piuttosto *hard*.

Gliela comprava lui e programmava tutto.

Lei non amava questa cosa ma lui diceva che poi accettava per farlo contento.

D'altra parte mi raccontava di come la moglie fosse molto aggressiva e di come lo trattasse male, con durezza e arroganza, ogni volta che litigavano.

Era davvero pieno di rabbia e nel corso di quattro sedute di ISTDP, durante il *breakthrough* (il momento di apertura e risalita del materiale inconscio, delle emozioni inconscie) fu rapido il passaggio dal volto della moglie che lo assaliva urlando al volto della madre che faceva esattamente la stessa cosa quando lui era bambino.

E lui si sentiva bambino anche con la moglie in quei momenti, tanto da urlarle anche lì in seduta con me, facendo il *portrait* (tecnica di *imagerie* che serve a far fluire la rabbia, cfr. *Anatomia della guari-*

gione, Anima edizioni) "Sei cattiva!" esattamente come un bambino, prima di immaginare di avventarsi su di lei sfogando la rabbia a morsi.

Si trattava di una rabbia primitiva, quella che si esprime appunto a livello di oralità e produce moltissima colpa inconscia.

Infatti quest'uomo aveva poi molte ansie di inadeguatezza tanto da aver praticato in passato boxe anche a livelli agonistici notevoli perché sentiva che gli dava sicurezza.

La rabbia cominciò a defluire, sparirono gli attacchi di panico, e lui sentì che voleva parlare alla moglie di quella esperienza.

Le raccontò solo della parte relativa alla sua infanzia, segnata dai problemi di schizofrenia del padre e da una madre che era dovuta diventare necessariamente fredda e impartiva punizioni anche corporali a lui e ai due fratelli minori.

La madre era ossessionata dai voti scolastici tanto che lui, sulla strada di ritorno verso casa, ricordava di tremare se aveva preso meno di nove.

Ma non raccontò alla moglie nulla dei vissuti che aveva verso di lei.

Infatti le dinamiche fra loro due non mutavano.

Questo non perché lui avrebbe dovuto raccontare necessariamente alla moglie tutto quanto, ma perché, per lui, il fatto di non raccontare significava che non aveva affatto risolto la questione con lei.

La moglie, a propria volta, soffriva da sempre di incubi notturni ed esternò la volontà di venire a fare sedute con me per i suoi traumi infantili.

Anche lei sembrava scotomizzare i problemi con il marito.

Allora dopo averla vista per un incontro conoscitivo, che mi confermò il sospetto di una collusione inconscia tra i due nel mantenimento degli irrisolti, proposi sedute congiunte.

Accettarono.

Erano lì davanti a me seduti vicini sul divano e la tensione si respirava a ogni istante.

Chiesi come sempre di focalizzare il problema emotivo interno alla coppia e, a mano a mano che li aiutavo a valicare l'ansia e le difese inconsce che ponevano, i due cominciarono a irritarsi fra loro e a non riuscire più a comunicare.

Fu allora che iniziai a focalizzarmi sui loro vissuti reciproci.

Fu lei a rispondere meglio e più rapidamente alle mie pressioni: esternò una rabbia profondissima verso il marito per come la faceva sentire quando facevano sesso. Sporca.

Lui trasalì. Lei lo aveva capito.

Fu allora che spinsi lui a parlare e dire ciò che sentiva.

Fu molto dura. Lui stava davvero male, si vergognava profondamente ma alla fine vinse il timore e le disse che non riusciva a mandare giù il fatto che lei gli avesse raccontato di alcune molestie subite dal patrigno a diciassette anni, oltre a un abuso e a percosse vissute nell'infanzia, dopo la quale era rimasta comunque in casa.

Non si capacitava, visto che lei era sempre stata molto indipendente, anche perché già lavorava, su come mai fosse rimasta lì... che le fosse piaciuto? Che avesse avuto una qualche relazione torbida con il patrigno, peraltro più giovane della madre?

Lei voleva rispondere ma la fermai.

Chiesi a lui di far uscire tutto quello che provava, di immaginare come sarebbe uscito fisicamente.

E lui, tra rabbia e colpa, immaginò che le avrebbe messo le mani al collo, l'avrebbe strangolata, quando gli urlava contro... già... proprio come avrebbe voluto fare tante volte con la madre.

Perché anche sua madre restava con quell'uomo che non riusciva nemmeno a chiamare con il nome di padre?

C'era una rabbia immensa. Lui la sfogava anche con i gesti, aveva le braccia e le mani contratte come nell'atto di strozzare.

La moglie era attonita e a tratti quasi spaventata, la guardavo e con gli occhi le comunicavo di restare tranquilla, era tutto a posto. Tutto andava come doveva andare. Stava assistendo semplicemente al *breakthrough* delle emozioni represse di suo marito. Un atto d'amore immenso.

Quando lui, con voce infantile, cominciò a piangere, raggiunto dal terribile senso di colpa che si portava dentro per tutto quell'odio verso la madre, il padre, la moglie, quest'ultima fu mossa a compassione per quel piccolo.

Mi chiese con gli occhi se poteva avvicinarsi a lui.

Le dissi di chiederglielo lei stessa, di dirgli quello che provava.

Lo fece e lo prese per mano.

Restarono in silenzio vicini per un po'.

Poi di colpo lei mi disse: "Devo dirlo se no sarei falsa".

"Cosa?" le chiesi, ma lo sapevo benissimo, glielo leggevo in faccia.

"Sono arrabbiata. Terribilmente arrabbiata". E rivolta a lui: "Come hai potuto farmi questo? Accomunarmi a tua madre!".

La invitai a fare uscire tutto quello che sentiva: anche lei era colma di rabbia perché sentiva sempre questa forma di dipendenza di lui dalla madre, la madre era ancora una figura fortissima. Non a caso erano andati ad abitare vicino a lei con la scusa che li poteva aiutare.

Era davvero livida di rabbia, immaginò di picchiarlo tante volte, con i pugni sul petto e poi a calci fino a "ucciderlo come un cane".

Lui restava in silenzio, sotto i colpi dell'emozione che lui stesso poco prima aveva sferrato a lei.

Lei proseguiva... Se ne andava – lui, il marito – per lavorare e la mollava lì con sua madre, la suocera, fredda e giudicante.

Come aveva fatto suo padre, che se ne era andato chissà dove per poi rifarsi vivo con lei dopo vent'anni, solo due anni prima tramite una delle sue sorelle che lo aveva ricercato.

Lo aveva odiato, terribilmente. E amato. E sperato che tornasse.

Era divertente e la faceva giocare... anche se a volte alzava il gomito.

Dopo che se ne era andato sua madre era passata di uomo in uomo, molti dei quali l'avevano sfruttata. Quando lei aveva sei anni e le sorelle quattro e due, uno di questi aveva abusato di lei per poi andarsene derubando sua madre.

Infine era arrivato l'ultimo, che aveva provato a molestarla.

Vedeva sua madre felice, ma aveva paura per lei.

Andarsene avrebbe significato doverle in qualche modo dire qualcosa, ma soprattutto abbandonare lei e le sorelle minori.

Lei sapeva difendersi e infatti lo aveva fatto.

Non voleva perdere anche il pezzo di famiglia che le era rimasto. In fondo si sentiva così sola...

C'erano sentimenti profondamente dolorosi, di lutto, perdita, abbandono in lei.

Gli stessi che lui, disse il marito, aveva colto nel suo sguardo quando, in vacanza in Croazia, l'aveva conosciuta mentre era affacciata sul traghetto a guardare malinconica il mare.

Fu lui a prenderle le mani. Piansero insieme e per la prima volta si videro, nudi e per quelli che erano.

Fu così che sperimentando insieme l'impulso omicida dentro di loro fu possibile rompere la collusione coniugale con il trauma.

La terapia proseguì ancora per alcune sedute, dove poterono aprirsi all'amore reciproco e alla riparazione.

Nel tempo mi hanno mandato diverse mail di aggiornamento.

Hanno avuto una bambina dopo i due maschietti a riprova che anche il rapporto con il loro femminile si è bilanciato.

Il padre di lei ha conosciuto i nipoti, prima di morire di infarto.

Lei mi ha detto che aveva pensato che quando l'avrebbe rivisto avrebbe dovuto regolare i conti e dare sfogo a un bel po' di rabbia, invece quando lo ha visto era solo felice di avere in quel momento suo padre con lei.

La madre di lui pare sia un'ottima nonna.

Mentre scrivo sono tante le storie di guarigione emotiva in coppia che salgono alla memoria…

Ognuna diversa e tutte uguali nel loro dipanarsi emotivo.

Essere presenti all'altro con le furie delle sue emozioni è davvero un atto di amore tra i più puri.

Essere lì e accettare di passare attraverso quella tempesta è coraggioso e misericordioso insieme.

È un atto d'amore verso il nostro partner e verso di noi, verso i nostri bambini feriti e verso la libertà che meritiamo di avere nell'amare e nell'essere amati.

Ci sono casi nei quali le emozioni conducono ai lidi remoti dell'albero genealogico e allora, quando siamo sospinti sulla battigia incerta di storie lontane, sono gli strumenti della psicogenealogia e dello psicodramma che ci aiutano a compiere i rituali giusti per ricomporre la scacchiera degli amori e chiudere una partita in sospeso magari da secoli.

Si tratta di essere vibratili e cogliere segnali sottili… lei che porta l'anello della nonna di lui con timore, le foto degli antenati in casa sui comodini, il nome di lei che è lo stesso dell'amata od odiata nonna… i doppi nomi ereditati…

Basta chiedere di raccontare le storie delle famiglie ed è curioso come le persone spesso non si accorgano di ciò che stanno dicendo.

Come una coppia che giunse per una forte crisi e nella quale la moglie sembrava svolgere il ruolo di giudice e censore delle debolezze di lui, che aveva perso il lavoro ed era caduto in depressione.

Dopo qualche seduta di lavoro emotivo che non aveva sortito nessuno sblocco, decisi di chiedere notizie sugli antenati.

Fu incredibile come lui mi raccontasse la storia dei suoi nonni paterni, senza rendersi conto che era identica a quella che stava vivendo lui.

Anche il nonno paterno aveva fatto fallimento e perso tutto e la moglie non lo aveva mai perdonato per questo.

Quando poi chiesi il nome della nonna, ci lasciò tutti senza parole il fatto che la moglie portasse lo stesso nome della nonna paterna di lui e avesse al dito anche come anello di fidanzamento un anello di quella nonna, ma nessuno dei due ci avesse mai riflettuto.

Fu commovente vedere la rigidità di lei finalmente sciogliersi mentre lavoravamo sul crinale dell'eredità del passato, dialogando psicologicamente con i nonni di lui.

Altre volte si tratta di interpretare un'atmosfera familiare.

Giunse una coppia incagliata sul fatto che lei avrebbe voluto adottare dei figli, visto che non potevano averne, e lui no.

Oltretutto lei si lamentava del fatto che la famiglia di lui fosse per il marito sempre al primo posto e lei non sentisse affatto di avere formato una famiglia con lui. Indagammo le storie familiari.

Lui era chiaramente gravato da una pesante eredità della famiglia di origine, con il fratello maggiore disabile a causa di un trauma da parto. La madre spesso gli ripeteva che non sapeva come avesse fatto a riuscire ad avere lui dopo tutto quello che aveva passato e che era *capitato* ma che lei non l'aveva cercato perché aveva troppa paura che si ripetesse quanto era successo al primo figlio.

Era fin troppo chiaro che il terrore dell'incidente da parto aveva bloccato nella psiche inconscia la possibilità di procreare.

Per la moglie invece sembrava che nella storia familiare fosse più o meno tutto tranquillo, fatta eccezione per il particolare di una certa freddezza e anaffettività della sua famiglia.

Interrogata su questo, ridendo, mi disse: "Si immagini che ci fu un periodo, credo alle elementari, in cui chiedevo ai miei genitori se ero una figlia adottiva e mi ero messa in testa che erano freddi con me perché mi avevano adottato".

Un istante dopo aver pronunciato queste parole, si rese conto anche lei del senso profondissimo che vi era sotteso.

Il resto lo potete immaginare.

Lavorammo insieme con le tecniche della psicogenealogia, delle costellazioni e dello psicodramma.

Magari qualcuno di voi si sta anche chiedendo se hanno poi avuto figli. La risposta è sì. Aiutati con la FIVET, che prima non volevano fare, hanno avuto due gemelli, ma hanno anche proseguito le pratiche per l'affido.

A volte le dinamiche transgenerazionali, una volta risvegliate, si fanno poi vive con i sogni.

Ricordate la coppia di cui vi ho parlato nel cap. 6 - *Essere singolo*?

Li avevamo lasciati reduci dalla terribile domanda che lei aveva posto a lui e che in realtà era servita soprattutto a lei e – indipendentemente dalla risposta – per comprendere quanto lei stessa scindesse le identità di sé, fra la parte professionale e la parte personale, e quanto lei non si permettesse nel personale ciò che permetteva nel professionale. Vi avevo preannunciato che in seguito vennero dei sogni.

Ora è il momento di raccontarveli.

Giunsero tutti in una notte, una lunga gravida notte seguita a uno stupido battibecco, così come me lo raccontarono.

Stupido ma utilissimo per far sì che lei indugiasse ad addormentarsi chiedendosi che cosa significasse, facendosi la domanda che già sapete essere la domanda delle coppie sacre: a che scopo accade questo?

Comprese che era l'ennesima occasione di superare la scissione che viveva in lei, ma non sapeva come fare.

Formulò l'intenzione di lasciare andare tutto ciò che ancora era trattenuto e si addormentò.

Lui raccontò successivamente di essersi messo a letto contrariato, ma poi – risvegliatosi un istante, mentre lei gli era accanto in quella forma di meditazione durante la quale si interrogava – di avere percepito la netta sensazione che lei gli fosse vicinissima e di essersi riaddormentato sereno.

Il sonno di lei fu portatore di immagini che curavano.

Fece un primo sogno: vagabondi, barboni, mendicanti...

Si svegliò di soprassalto: il respiro regolare di lui che le era accanto scandiva il ritmo delle sue domande.

Chi erano quelle figure? Cosa rappresentavano di lei?

Era chiaro che parlavano di lei: a ogni buon conto sappiate che ogni sogno è del sognatore, ogni sognato è una parte di chi lo sogna.

Cedette di nuovo al sonno.

Questa volta l'inconscio fu più eloquente: sognò una bambina, come la piccola fiammiferaia dell'omonima fiaba.

Malconcia e sudicia, si aggirava di casa in casa chiedendo di essere accolta ma veniva rifiutata. Si svegliò ancora: era lei.

Era il senso dell'abbandono che la accompagnava da sempre.

Fu un istante collegare tutte le storie di famiglia: il bisnonno paterno adottato ma poi estromesso dall'eredità (quando ancora non esisteva il diritto patrimoniale odierno), il figlio illegittimo della nonna materna... storie della sua infanzia, orgoglio ferito di due linee familiari che si erano intrecciate fino a lei.

Storie che sapeva e aveva sempre ritenuto avvincenti e fascinose, le raccontava anche agli amici che le dicevano che avrebbe dovuto scriverci un libro.

Ma in quel momento le parvero sinistre e se ne sentì oppressa.

Una terribile rabbia la colse.

Una rabbia che non conosceva, non sua, eppure dentro di lei, arrivata, tramandata fino a lei.

Applicò le tecniche di perdono e l'EFT che avevamo praticato insieme.

Si riaddormentò e venne ancora un sogno.

Sognò che si doveva sposare con quello che era in effetti suo marito.

Ma al suo posto c'era quella bambina del sogno precedente che voleva una casa.

Si svegliò ma era ancora nel sogno. Un sogno lucido nel quale la piccola la implorava di non cacciarla anche se sapeva che, perché lei fosse felice, lei, la bambina, sarebbe dovuta morire.

Fu allora che si svegliò del tutto con un irrefrenabile pianto: parlò a questa piccola come aveva imparato seguendo la traccia del mio CD che applicava da un po', quella del dialogo con il cuore.

Le era chiaro che la bambina aveva cercato sempre all'esterno, in tutte le sue relazioni, una casa, ma lei non gliel'aveva invece mai davvero offerta.

Aveva lasciato che mendicasse di uomo in uomo, fino a suo marito, invece che essere lei a darle una casa.

Non era necessario che la piccola morisse, anche se sembrava intenzionata a farlo.

Doveva solo smettere di cercare al di fuori quello che la *se stessa* ormai adulta poteva darle.

La abbracciò e fu allora che ebbe la sensazione di abbracciare una lunga catena di esseri rifiutati e abbandonati.

Chiese perdono al marito per averlo inconsciamente usato per scopi che non erano quelli della loro relazione, bensì per sanare un debito che veniva dalle generazioni precedenti, e lo ringraziò, contemplando il suo sonno, per essersi ribellato e averla fatta arrabbiare tante volte.

Fu allora, in quel preciso istante che il marito nel sonno si girò verso di lei emettendo un sospiro, come di qualcuno che rilascia una tensione, appoggiandole un braccio intorno alla vita.

Il mattino dopo era sveglia all'alba. Il sole inondava la casa e lei aveva una gran voglia di fare.

Lui dormiva ancora e si fermò a guardarlo.

Sussurrò: "Ora possiamo finalmente stare insieme davvero".

Incontrò lo sguardo di lui, che si era istantaneamente svegliato e le disse, incredibilmente: "Lo so".

Mi raccontarono poi che anche lui aveva sognato quella stessa notte di raccogliere una bimba abbandonata per strada.

(Tanto per essere sinceri, queste sono le terapie che preferisco: fanno tutto da soli e in una notte! A me è sufficiente attivare i loro innati processi di autoguarigione).

Altre volte ciò che serve è un bilanciamento dell'energia e delle credenze. Si tratta di coppie nelle quali non vi sono conflitti manifesti, piuttosto sembrano incagliati nel non riuscire a realizzare quello che è il loro progetto.

Lo esprimono e sono in perfetto accordo, ma il progetto non parte, si blocca, si inceppa.

Con relativa demoralizzazione.

Difficile catalogare i casi in cui questo è l'intervento prioritario.

Spesso accade che si tratti di coppie già all'interno di un percorso con le quali si sceglie di focalizzarsi su un tema specifico e vedere se ci sono ostruzioni al libero flusso delle reciproche energie o credenze limitanti.

Ma qualche volta accade che sia sufficiente il solo *bilanciamento*.

Vi starete chiedendo cos'è il *bilanciamento*.

È uno dei termini tecnici che si utilizzano in PSYCH-K®, metodologia di cui ho già parlato nel mio precedente libro, *Anatomia della guarigione*, Anima Edizioni.

PSYCH-K®, che ho avuto la fortuna di apprendere da Duccio Locati, allievo diretto del creatore della tecnica Rob Williams, è una delle tecniche di lavoro energetico che io prediligo, anche perché dotata di una validazione di efficacia.

Il *bilanciamento della relazione*, così si chiama, è una tecnica di lavoro avanzato, che permette di testare e bilanciare la sintonia animica e psicologica della coppia, fare un'eventuale diagnosi delle stazioni energetiche bloccate e ripararle.

Basta una sola seduta per ottenere lo sblocco del piano energetico in situazioni stagnanti.

Il bilanciamento sposa al test kinesiologico classico una metodologia di interazione della coppia molto specifica che prevede che i due partner si pongano l'uno di fronte all'altra molto vicini, guardandosi negli occhi in silenzio.

Viene chiesto loro di guardare all'altro oltre ciò che vedono, oltre la personalità, oltre ciò che pensano di sapere e anche oltre ciò che possono immaginare.

In questo modo, con un'opportuna tecnica kinesiologica, vengono testati eventuali blocchi nella relazione animica profonda.

Se sussistono, allora è possibile intervenire con una vera e propria procedura diagnostica che prevede il test kinesiologico in corrispondenza di alcuni punti, detti *punti credenza*, che sono collegati a meridiani o chakra e permettono il test relativo ad alcuni punti cardine delle relazioni come l'autostima, la capacità di essere liberi nei legami, l'amore incondizionato, la capacità di perdonare e così via.

Le stazioni bloccate vengono dunque opportunamente bilanciate.

Una volta completata questa fase si giunge alla parte più suggestiva e toccante della tecnica.

I partner sceglieranno la frase che vorranno dire all'altro e che vorranno sentirsi dire e verranno testate.

Se anche il subconscio risulterà effettivamente allineato a queste frasi, allora si procederà con una tecnica di bilanciamento incrociato nella quale i partner guardandosi negli occhi e intrecciando dei movimenti di integrazione interemisferica si ripeteranno fino a che è necessario, come in un botta e risposta, le frasi che hanno scelto.

In quei momenti si raggiungono picchi di commozione e di sentimento davvero intensi poiché ciascuno accetta di dire all'altro ciò che magari da sempre l'altro desidera di sentire ma non ha mai ricevuto per via di blocchi o freni emotivi o credenze limitanti.

È anche una scoperta, a volte, sentire ciò che l'altro ha voglia di dire.

Ricordo una giovane coppia, che ho visto appunto quell'unica volta.

Venivano da lontano, dalla Toscana, e avevano visto *online* una delle mie conferenze.

Lui era siciliano, trasferito perché facente parte di un corpo militare in Emilia Romagna dove aveva conosciuto lei.

Se ne era subito innamorato anche se lei, giovanissima – all'epoca erano lei diciottenne e lui quasi trentenne – non ne voleva sapere di fare una cosa seria.

Ma, poco prima che lui ripartisse per essere trasferito in Toscana, lei aveva deciso di seguirlo.

Così vivevano insieme da circa un anno.

Si vedeva che si amavano, ma i due mi raccontavano di grosse difficoltà di comunicazione che sfociavano in liti terribili.

Ogni volta che litigavano lei minacciava di tornare dalla mamma e questo faceva montare lui su tutte le furie perché non tollerava, diceva, che lei non pensasse di poter risolvere le loro questioni all'interno della coppia e facesse la bambina.

Lei diceva che lui era troppo irascibile e le faceva paura.

Visto che mentre mi parlavano erano in forte connessione non verbale, rivolti l'uno verso l'altra, a volte anche tenendosi per mano, pensai che ci sarebbe voluto poco per sanare questo inghippo se solo si fosse trovata la chiave giusta.

Allora mi venne in mente il *bilanciamento della relazione*: avrebbe potuto funzionare e in ogni caso avrei comunque avuto indicazioni sulla natura dei blocchi.

Accettarono di provare, molto incuriositi.

Il *bilanciamento* fu molto bello perché mostrò in modo rapido e semplice qual era il blocco: lei scelse come frase da sentire "Grazie per quello che hai fatto per me" e come frase da dire "Ti seguirei in capo al mondo", lui scelse come frase da ascoltare "Sei l'uomo giusto per me" e come frase da dire "Grazie, saprò farti felice".

Era chiaro che entrambi erano rimasti incagliati nell'iniziale blocco quando lei con il suo comportamento ambivalente, peraltro comprensibile, aveva tuttavia fatto sorgere in lui l'idea che lei avesse dei dubbi sul fatto che lui fosse veramente adatto a lei e l'ansia di *ripagare* la scelta che lei aveva fatto di seguirlo facendola felice. Lei, dal canto suo, sapeva che lo avrebbe seguito ovunque perché lo amava, ma al tempo stesso voleva che il valore della sua scelta di seguirlo fosse ben riconosciuto da lui.

Quando intrecciarono le posture di integrazione interemisferica ripetendo le frasi l'uno all'altra si commossero e alla fine non poterono trattenere un bacio e un abbraccio strettissimo.

Da allora mi hanno scritto qualche volta e so che tutto va a meraviglia.

Il *bilanciamento della relazione* è ottimo anche quando nella coppia ci sono blocchi della sessualità o cose che i due non si perdonano da tempo.

In quest'ultimo caso il *bilanciamento* può essere una parte di un percorso più ampio e più profondo che applico con le tecniche di perdono.

Ho parlato a lungo del perdono in senso psichico e spirituale nel mio precedente libro e potrete ben immaginare quanto possa essere utile nelle coppie.

Sempre più spesso mi capita di applicarlo anche con coppie che giungono per una mediazione di un conflitto, anche se decidono di separarsi.

Dopo aver favorito lo scioglimento dei nodi emotivi – soprattutto quelli della rabbia, del disprezzo, della vergogna e dell'umiliazione – il perdono rappresenta un traguardo e al contempo un nuovo inizio.

Delle tante storie che potrei raccontarvi, ce n'è una che è stampata nella mia memoria e che trovo davvero toccante.

Si tratta di una coppia che prese contatto con me per un consulto relativo alla figlia, cui avevano diagnosticato un disturbo bipolare grave con episodi maniacali psicotici e che era in quel periodo ricoverata in una comunità.

Rifiutava il progetto di cura, a malapena assumeva i farmaci, ma non ne voleva sapere di sedute di supporto, attività riabilitative e cose del genere. Mi raccontavano che aveva deliri di onnipotenza con tratti misticheggianti e loro erano davvero disperati.

Fin da piccola era stata una bimba problematica, oltretutto nata dopo una gravidanza a rischio e con un parto molto difficile nel quale la madre aveva rischiato di morire per complicanze.

Erano davvero provati. Avevano un'altra figlia più piccola che stava risentendo molto di tutta la situazione.

Venivano da me per sapere se io potessi fare qualcosa per la ragazza.

Quello che però mi colpì era il livello della loro prostrazione che si vedeva riflessa anche nel fisico.

Magri e smunti entrambi, con le spalle curve.

Allora, oltre a prospettare loro le possibilità di integrazione con il progetto di cura in cui la ragazza era già inserita, peraltro tutte comunque subordinate al fatto che la ragazza le accettasse, gli proposi una sessione per loro stessi.

Un po' perplessi tuttavia accettarono.

Quando ci rivedemmo applicai una tecnica di perdono reciproca: la moglie guidata da me perdonava il marito e la figlia e poi si faceva perdonare dal marito e dalla figlia e il marito, sempre guidato da me, faceva lo stesso.

Volle cominciare lei.

Fu davvero toccante quello che emerse: a occhi chiusi, fra le lacrime, chiedeva perdono per quella gravidanza difficile, confessava di non averla voluta e poi di avere provato rabbia per avere rischiato di morire e per questo di sentirsi in colpa terribilmente ed essere certa che la figlia stesse male per questo.

Era scossa da singhiozzi e gemente e il marito, che era rimasto immobile fino a quel momento sulla poltrona di lato, si gettò verso di lei, le prese le mani, e spontaneamente le chiese perdono per non avere mai immaginato che soffrisse così per questo e che lui stesso si era sentito in colpa perché durante il periodo della gravidanza era stato assente: neanche lui la voleva, non si sentiva pronto.

Insieme chiesero perdono alla figlia, ma la perdonarono anche a loro volta per essere sempre stata così difficile, intrattabile, enigmatica.

La seduta, l'ultima della giornata, durò a lungo, ma io stessa non mi accorsi del tempo che scorreva.

Ho successivamente preso in cura la ragazza, la quale – inspiegabilmente per chi non conosce come funziona il mondo delle energie – la mattina dopo telefonò alla madre e le esternò la volontà di cominciare a seguire delle cure integrate.

Io, te, le emozioni e le energie: non siamo mai solo in due, dentro di noi ci sono tante persone, tante parti di noi, tante storie che ritornano… a noi il meraviglioso compito di dipanarle, ripararle, lasciarle andare e scriverne di nuove, insieme a chi abbiamo scelto, forse tanto tempo fa, per accompagnarci e da accompagnare a nostra volta in questo viaggio.

"Cara dottoressa,

innanzitutto come sta? Spero bene, anche se sicuramente oberata di lavoro! Devo dire che anch'io sto bene. Continuo a guardare il mondo con occhi diversi. È davvero incredibile quante cose proprio non riuscivo a vedere prima… Di conseguenza anche il rapporto con mio marito è molto migliorato, anzi mi viene da dire che finalmente abbiamo un rapporto! Abbiamo finalmente capito di non essere nemici e a ogni disguido o situazione difficile cerchiamo un punto in comune e alla fine una soluzione di pace e non di guerra come in precedenza. Siamo finalmente consapevoli... Ne sono davvero felice.

Mi ritengo una persona fortunata per essere potuta venire da Lei, perché il giovamento che ho trovato ha veramente trasformato la mia esistenza.

Io spesso penso a Lei e a come le sedute ci abbiano cambiato la vita in meglio. Non c'è nulla come la consapevolezza di quello che ci accade…" (mail di A. e L., i protagonisti del percorso ISTDP narrato in questo capitolo).

Quarta parte

La coppia felice

13. L'amore incondizionato

Amore incondizionato: quante volte abbiamo sentito pronunciare queste parole.

Quante volte le abbiamo dette a nostra volta.

Ma sappiamo davvero cosa significano?

Cosa vuole dire *amore incondizionato*?Me lo sono chiesta io stessa.

In-condizionato: senza condizioni, non legato a nulla, non causato o modificato da nulla.

Esisterà davvero? Sarà solo un'utopia o una fantasia *new age*?

E se fosse un dato assolutamente scientifico?

Non ci credete?

Cominciamo con la fisica quantistica.

Non avete letto innumerevoli volte, in tanti libri diversi, i concetti relativi al ruolo che l'osservatore ha nel creare la realtà? Non è forse dai tempi del principio di indeterminazione di Heisenberg che sappiamo che la realtà non è altro che il prodotto del nostro modo di condizionarla e che il pensiero è la cosa in realtà più concreta di cui disponiamo?

Allora come facciamo davvero a continuare a pensare che qualcosa dall'esterno ci possa condizionare? Se siamo noi a farlo precipitare dallo spazio delle varianti così com'è?

L'amore può essere incondizionato allora, perché qualsiasi condizione da cui crediamo di farlo dipendere in realtà la creiamo noi, la facciamo collassare nella realtà, dice la fisica quantistica.

In questo senso è incondizionato perché l'unica condizione siamo noi.

L'esperimento della doppia fenditura, l'*entanglement* e tutti gli strabilianti paradossi del mondo quantico, che è all'essenza di questo mondo visibile, ci guidano attraverso l'incondizionato più elementare e originario dell'amore, che è la co-creazione stessa della realtà che noi viviamo momento per momento.

Allora quando ci sembra che tutto vada male ci chiediamo perché, e cominciano le domande del tipo: "Cosa c'è che non va in me?", "Cosa ho di sbagliato?". Ricordiamo che siamo noi a creare la realtà, e questo non per sentirci colpevoli e giudicarci ma per poter finalmente assumere una prospettiva oltre l'apparenza.

Chiediamoci dunque: "A quale scopo sto creando questo nella mia realtà?", e anche: "Qual è il pensiero o la credenza da cui sto creando tutto questo?".

Quando siamo nell'amore incondizionato della fisica dei quanti ciò che accade non è più esterno a noi, ciò che accade è un effetto che da noi proviene.

Ci può volere del tempo per comprendere il senso più profondo di un amore che va male o di una delusione, così come di una criticità della vita di coppia, ma soltanto perché non siamo abituati a vedere – in ogni gesto, parola, situazione – una forma, un simbolo, un elemento di una rete di significati collegati gli uni agli altri.

Quando cominciamo ad acquisire questa capacità tutto muta, iniziamo a diventare acutamente sensibili alle sincronicità, ai collegamenti, ai sogni, alle risonanze emotive. Allora l'amore diviene un meraviglioso viaggio di scoperta di noi stessi.

Addentrandoci nell'energia, cominciamo a utilizzare il dono innato della percezione delle vibrazioni. Noi sappiamo percepire le buone e le cattive vibrazioni fin da subito, ma non ci fidiamo di quello che sentiamo.

Non intendo dire che dobbiamo utilizzare solo queste prime impressioni, quelle che chiamiamo istinto, ma che non dobbiamo coprirle e negarle per via di una programmazione ricevuta, di bisogni che vogliamo soddisfare, di idee preconcette, credenze, paure che ci rendono ciechi anche di fronte all'evidenza.

Troppe volte ho sentito persone dirmi che fin dall'inizio avevano sentito che qualcosa non andava con il partner ma poi avevano proseguito per paura di stare da soli, perché volevano una famiglia, o cose del genere.

E così avevano solo terribilmente prolungato la sofferenza o evitato di affrontare la realtà così per come la stavano creando, per poi trovarsi a soffrire di più.

La stessa cosa accade anche quando qualcuno ci piace e sarebbe perfetto per noi ma ci facciamo bloccare dalle nostre credenze: "Lei è fantastica ma non funzionerebbe perché siamo troppo diversi".

Questo è ciò che accade quando mettiamo di fronte all'anima le convinzioni della personalità.

Un altro caso tipico nel quale non ci fidiamo delle vibrazioni che sentiamo è quello in cui non ci permettiamo mai di dire la nostra e dare credito a ciò che sentiamo: "Devo avere torto io perché lui mi ama e di certo ha ragione".

Quando siamo a contatto con la capacità di percepire le vibrazioni siamo anche capaci di distinguere le vibrazioni con cui siamo in fase e quelle con cui non lo siamo.

Sapete che due onde che sono in fase se si incontrano creano un'interferenza costruttiva e ne risulta un'onda che è la sommatoria delle due?

Invece quando due onde sono in opposizione di fase, dal loro incontro scaturisce un'interferenza distruttiva che le elide.

In amore è così: mettetevi con qualcuno che è in opposizione di fase con voi e distruggerete la vostra energia.

Per questo dico che nell'amore incondizionato noi dobbiamo sentirci potenziati, sentire che la nostra vita va meglio in tutto, che stiamo meglio, siamo più felici e più forti, le nostre qualità migliori sono esaltate e non viceversa.

L'amore che genera sofferenza è frutto di un'interferenza distruttiva.

E quando poi siamo in interferenza costruttiva, a nostra volta possiamo creare nuove vibrazioni e crescere nell'energia che sappiamo far fluire.

Anche le neuroscienze hanno il loro incondizionato, che ci suggerisce un prezioso tassello.

Si chiama *coerenza cardiaca, integrazione cerebrale, neuroplasticità.*

Ne ho parlato diffusamente nel mio precedente libro *Anatomia della guarigione.*

Ora voglio soltanto richiamare questi concetti in relazione all'amore incondizionato.

Sul piano neuroscientifico l'amore incondizionato è collegato a una capacità di attivare anche un preciso funzionamento del nostro cervello.

In altri termini l'amore incondizionato corrisponde a uno stato dell'essere, a un preciso sentire interiore, quello che si manifesta con l'apertura del cuore e l'ingresso alla coerenza cardiaca: l'accesso al senso di connessione e la possibilità di mettere in campo i sentimenti della gratitudine e della compassione, prima di tutto nei confronti di noi stessi.

L'amore incondizionato è un effetto di quello che io chiamo livello 3 di esistenza che, dal punto di vista neurofisiologico, è sotteso all'attivazione del *network* cervello del cuore/corteccia prefrontale.

Una volta entrati in coerenza cardiaca e attivato il cervello del cuore siamo pronti per raggiungere l'integrazione cerebrale sotto la guida prefrontale e trasformare letteralmente attraverso la neuroplasticità il nostro modo di pensare e sentire.

Questa trasformazione può avvenire in molti modi, attraverso tutte le vie che aprono la strada alle emozioni, riparano le ferite emotive, ci mettono in contatto con l'empatia in noi.

Il lavoro psicocorporeo, la vicinanza emotiva, il contatto con le immagini dell'inconscio e anche l'integrazione con nutraceutici che alimentano e stimolano la neuroplasticità ci vengono in aiuto.

Quando siamo in coerenza cardiaca e siamo innamorati, i campi elettromagnetici dei cuori entrano in reciproca risonanza: è scientificamente provato che i due cuori battono letteralmente all'unisono.

Anche nel mondo di ormoni e neurotrasmettitori esiste l'incondizionato.

L'incondizionato della psiconeuroendocrinoimmunologia è rappresentato dal brodo di coltura nel quale fate sì che abitino le cellule di tutto il vostro corpo.

Esiste una chimica dell'amore ed esiste una chimica dell'amore incondizionato.

Ormoni e neurotrasmettitori sono gli ingredienti moderni dei filtri d'amore delle fiabe.

Diceva Claude Bernard: *"Le terrain c'est tout"*.

E voi controllate il vostro terreno?

Quando la mente percepisce l'esperienza dell'amore induce il cervello a secernere nel sangue dopamina, ossitocina, GH, vasopressina.

Se fa esperienza di paura secerne cortisolo, noradrenalina, citochine, istamina.

Vi curate di cosa fare secernere al vostro cervello? Vi occupate di preservare la chimica dell'amore?

Sappiamo che l'estrogeno e il testosterone sono fondamentali per l'accoppiamento e la vampata amorosa dell'immediatezza.

Dopamina e ossitocina abitano nei cervelli degli innamorati di lungo corso, e si attivano quando questi parlano del partner anche se stanno insieme da anni e anni.

La vasopressina probabilmente trova un numero maggiore di recettori nel cervello dei partner fedeli: una razza di simpatici roditori, le arvicole della prateria, sono estremamente monogame e per questo sono state oggetto di studio.

Quando il maschio incontra una femmina si accoppiano ininterrottamente per trentasei ore, creando un legame che dura per tutta la vita e anche oltre, tant'è che quando uno dei due muore l'altro sceglie di restare celibe anziché formare una nuova coppia. L'arvicola comune, detta anche *dei prati* o *montana*, viceversa, è estremamente promiscua. Gli scienziati hanno scoperto che il cervello dell'arvicola della prateria maschio ha una dose di vasopressina molto più alta dell'arvicola comune. Ebbene, intervenendo sul gene *dell'infedeltà*, in modo da aumentare considerevolmente il livello di vasopressina, i ricercatori hanno assistito a uno stupefacente mutamento: il criceto che amava la promiscuità è diventato di colpo uno sposo devoto.

Miracoli degli ormoni… sulla base di questi studi anche l'infedeltà andrebbe di pari passo con l'attivazione di determinati geni nel DNA.

La scoperta è opera di scienziati dell'Istituto Karolinska di Stoccolma, che l'hanno illustrata su un'autorevole rivista scientifica britannica, *Proceedings of the National Academy of Sciences*. È naturalmente finita in prima pagina sul *Daily Telegraph* e sul *Times* di Londra con il titolo *Il gene che rende più probabile il divorzio*. Il gene in questione agisce appunto sulla vasopressina, un ormone di cruciale importanza nel processo di attaccamento sentimentale e sessuale tra un uomo e una donna. Esaminando un campione di oltre duemila persone i ricercatori svedesi hanno verificato che gli uomini in possesso del gene restano più spesso scapoli oppure hanno una maggiore probabilità di avere relazioni extraconiugali o problemi matrimoniali e divorziare rispetto agli uomini che non ce l'hanno. Le mogli di uomini in possesso del gene, inoltre, sono mediamente meno soddisfatte del proprio matrimonio rispetto alle mogli di uomini che non hanno il gene in questione.

Gli uomini con due copie del gene hanno avuto due volte più crisi matrimoniali nell'ultimo anno rispetto agli uomini senza il gene. Naturalmente ci sono molte ragioni per cui una persona ha una relazione extramatrimoniale, ma il dato è interessante perché ci conduce a riflettere sull'esistenza di una differente chimica per differenti stati dell'amore, compreso l'amore incondizionato.

Nel mondo dei quanti, nel mondo delle neuroscienze, nel mondo della biochimica esiste dunque l'incondizionato come forma di organizzazione più alta e al tempo stesso più semplice ed elementare.

Nell'incondizionato tutto si semplifica: non esiste nulla che non va, tutto è creato così com'è, ogni pezzo della realtà è connesso agli altri, ogni parte del nostro cervello funziona in integrazione con le altre, siamo facilmente guidati dalla chimica del legame affettivo e della fedeltà.

Tutto quello che vorremmo e per cui lottiamo, e che ci sembra irraggiungibile, nell'incondizionato esiste già ed è la semplice, naturale conseguenza di stare in questo livello di coscienza.

Anche la psicologia del profondo ha il suo incondizionato: è l'anima.

Al di là della mente, della personalità, del carattere, della storia che si dipana nel tempo, al di là delle ferite del passato, è l'anima che dovremmo mettere nella coppia.

L'anima con le sue capacità innate, con la sua unicità, con la sua originalità, con la sua assenza di giudizio e aspettative.

Il perdono inteso come liberazione di tutte le zavorre del passato ridona alla coppia il suo potere di espressione animica.

Così accade un miracolo semplice: potete sentire che vi accettate così come siete, sapete che ciascuno amerà al massimo di come può amare.

Per questo non vi interesserà come sarete amati, non vi porrete il problema di essere amati come voi volete. Voi non potete che essere amati come volete perché voi co-create tutto quanto con la persona accanto a voi.

Così quando qualcosa vi dà fastidio voi saprete che quello è il modo in cui state creando la forma dell'amore che l'anima vuole e con l'anima dovrete entrare in contatto per trasformarlo.

Vi direte: “Puoi contare su di me incondizionatamente anche se non siamo d’accordo”.

Vi direte: “Sei perfetto o perfetta così come sei, per me in questo momento, perché sei me”.

Vi direte: “Sì”.

Amarsi incondizionatamente è dirsi sì, “Sono io in te, sei tu in me”.

14. Kama, sesso e amore

La sessualità incondizionata

Immaginate due divinità.

Gli dei stanno schiena contro schiena al buio.

E, guardando nell'infinito, si parlano nel silenzio.

Poi il dio dell'energia maschile comincia a utilizzare lo strumento di celebrazione e di preghiera della parola e descrive tutte le meraviglie della dea dell'energia femminile, come in un mantra che è un inno alla sua bellezza.

Quando ha terminato, è la dea dell'energia femminile a cominciare il suo inno al dio dell'energia maschile, celebrando tutte le meraviglie che porta con sé.

I due dèi si ascoltano cantati e celebrati l'una dall'altro e si scoprono nella propria essenza come mai prima.

Scoprono lati della propria energia che neppure conoscevano, effetti della loro emanazione di cui non si erano mai accorti.

La divinità rivelata a se stessa dalla divinità.

Immaginate una coppia di esseri umani.

Stanno nel mio studio che, assai di frequente, è – al pari di una grotta, di una chiesa, di un sacello – uno spazio magico di energia protetta e vibrante.

Hanno accettato con sguardi lievemente perplessi la mia indicazione di mettersi schiena contro schiena e a occhi chiusi.

Così si sperimentano vicinissimi e rivolti entrambi agli spazi siderali del loro esserci.

Silenzio, buio degli occhi chiusi.

Poi chiedo al partner che incarna l'energia maschile di prendere la parola e lasciare sgorgare tutto ciò che di più bello conosce e sperimenta della dea dell'energia femminile che sta appoggiata con la schiena alla sua.

Mentre le parole sgorgano, talvolta subitanee, talvolta dopo un certo indugio nel quale la mente si oppone con mille dubbi e incertezze... "Non sono capace di fare una cosa simile, non sono all'altezza...", "E se poi dico cose che non le piacciono...?", ecco dipanarsi l'inno più bello che la dea dell'energia femminile abbia mai sentito dedicarle.

Inconsueto, fatto di particolari che nemmeno lei aveva mai notato, unico e irripetibile coglierla in mille piccoli frammenti del suo agire, del suo porsi, gesti di una quotidianità che mostra il suo lato di straordinarietà unica.

E lei gode. Gode non del narcisistico sentirsi dire che è bella.

Gode dell'attenzione speciale che sta ricevendo: la stessa che un bambino riserva a una piccola coccinella sul vetro della finestra o alla forma delle dita della sua mano.

Un'attenzione che è tutta uno stupore, una meraviglia per ciò che si sta vivendo.

Questa attenzione crea la presenza più totale del dio alla dea.

Così parla un dio alla dea:

"I tuoi seni sono come due cerbiatti, gemelli di una gazzella, che pascolano fra i gigli (...).

Le curve dei tuoi fianchi sono come monili, opera di mani d'artista. Il tuo ombelico è una coppa rotonda, che non manca mai di vino drogato. Il tuo ventre è un mucchio di grano, circondato da gigli".

(*Cantico dei cantici* 4,5; 7,3)

E lei gode. Gode della totale concentrazione di lui su di lei.

Gode dell'energia maschile che in lui monta e sale sempre più, parola dopo parola, mentre scopre la sua potenza nel cantare di lei come di una musa ispiratrice farebbe l'aedo.

E lei gode. Gode della potenza di lui che la eleva.

All'acme della potenza dell'energia maschile, le parole tacciono.

Ora è la dea dell'energia femminile a intonare il suo inno, già ricolma di quel godimento che l'energia maschile le ha donato, profondamente riconoscente al dio per quanto ha saputo innalzarla agli spazi siderali a cui dall'energia terra che la partorisce può librarsi nell'energia stella che la trasmuta.

È da questo stato attivato che compie il miracolo di parole audacemente vibranti, stupefacenti nella forza della loro visceralità.

E lui si commuove.

È mosso, commosso da quanto la dea fa ora per lui.

Condurlo esattamente dove voleva andare e non sapeva come.

All'essenza del tutto, dove le parole sono luce e gli attributi potere di pura creazione.

E lui si commuove. È commosso dalla generosità di lei nel farsi tramite del trascendente.

Lei si fa letteralmente canale per il compimento di un'unione con lo spirito, con il sentimento oceanico che li contiene uniti entrambi.

E lui si commuove. È commosso dal darsi di lei, dal suo ricevere fiducioso, dal suo sì, dal suo accogliere, ancora e ancora.

"Il mio diletto ha messo la mano nello spiraglio e un fremito mi ha sconvolta".

(*Cantico dei cantici* 5,4)

È così che nel silenzio al termine del canto, volano.

"Coppia mistica vagante pel cielo", recita l'immagine sbiadita di un testo antico di alchimia che si lascia possedere da me a volte.

Li lascio in silenzio. A volte esco dallo studio, a volte resto presente, secondo quanto le loro energie mi segnalano.

Poi il rito si conclude nella più assoluta semplicità.

Tutto torna, se così si può dire, normale.

La loro sessualità cambia per sempre.

Nel rito non vi è nulla di sessuale e tutto di sessuale.

Nella sessualità delle *coppie nell'unione* non vi è nulla di sessuale e tutto di sessuale.

La sessualità di queste coppie è un inno alla bellezza delle energie maschile e femminile che si uniscono e producono il miracolo cosmico della loro unione, una volta di più nell'universo.

Il rito che è avvenuto con le parole schiena contro schiena avviene petto contro petto e genitale nel genitale nel silenzio delle parole.

Il rapporto sessuale è lo stesso rituale officiato con il corpo fisico invece che con le parole.

La sessualità di queste coppie è ben al di là della procreazione, come ebbe a dirmi, in una delle nostre solite conversazioni ragusane, Calogero Falcone, protagonista di un pensiero di straordinaria modernità:

"La coppia esiste in sé e per il piacere dei due che la formano", mi disse. "La vera coppia felice è quella nella quale i due si potenziano e creano insieme un nuovo ordine di esistenza. La sessualità scaturisce da questa unione. Il piacere deriva dal Tao, cioè dalla congiunzione di questi opposti. Chi crede che il piacere derivi dalla trasgressione e per eccitarsi ha bisogno di cambiare sempre, di novità, di proibito, è ancora molto indietro sulla strada del Tao.

Ci sono uomini che si sentono felici se hanno una tribù attorno, ma la procreazione non ha nulla a che vedere con l'essenza della coppia. L'amore di coppia deve essere svincolato dalla procreazione.

Prima l'amore si fa in testa. Le passioni esistono prima del sesso, nel mentale e nell'emozionale.

L'Occidente ha collegato il godimento alla trasgressione, invece l'Oriente no.

Il problema dell'adulterio non esiste in Oriente, esiste il problema dell'attaccamento.

Nella visione buddista il fatto di non avere rapporti è legato al fatto che l'eros genera attaccamento.

Se c'è attaccamento allora è preclusa la via del perfezionamento.

Ma nell'induismo ci sono le quattro fasi della vita e nella fase della maturità, prima di iniziare l'invecchiamento, si è pronti per il Kamasutra.

La manifestazione del divino nell'induismo è di una ricchezza e di una completezza tali per cui ogni aspetto dell'esistenza è ricompreso.

Cosa dire ai nostri giorni? Dobbiamo rivalutare il principio del piacere che non è legato tanto o solo alla stretta genitalità, ma ai sensi tutti.

Il tatto, la voce, l'olfatto, il gusto… simbolicamente cibarsi dell'altro.

Fare l'amore è spogliarsi: quando due si spogliano e sono nudi e si danno, fanno l'amore.

E lì possono accadere delle scoperte. Anche la comune posizione del missionario è una scoperta perché ci si guarda. Ci sono coppie che non si sono mai guardate in faccia facendo l'amore.

Per l'uomo rispetto alla donna l'educazione all'amore è fondamentale: un uomo può essere anche potente, ma avere una potenza puramente esplosiva e meccanica.

L'uomo invece nel fare l'amore deve entrare in meditazione. E deve poter trovare la donna che lo fa entrare in questo stato e provare il piacere nel fare l'amore indipendentemente dall'orgasmo.

Ogni volta che un uomo e una donna provano piacere c'è uno scambio energetico, a questo bisogna educare".

La sessualità delle *coppie nell'unione* è la sessualità del livello tre. È una sessualità per esseri divini quali noi siamo, che muovono le forze dell'universo e il trascendente.

Il desiderio, che nella sessualità più comune è centrale poiché lo scopo dell'atto è appunto l'appagamento del desiderio, nella sessualità delle *coppie nell'unione* è solo uno strumento, un tramite, un mezzo.

Potete immaginare che entrambi salgano mano nella mano su un trampolino che si chiama desiderio, da cui si tuffano in un mare profondo che muta le loro percezioni, come un lancio che li proietti nell'orbita di un nuovo sistema solare.

L'appagamento del desiderio non è il fine dell'atto sessuale, il desiderio è solo l'innesco umano di un atto che a sua volta fa incarnare la trascendenza.

È in questo senso che definiamo questa sessualità *incondizionata*, come la felicità del livello tre cui entrambe appartengono.

È incondizionata nel senso che non coincide con il bisogno fisico, con il desiderio, con lo sfogo dell'impulso. Questi sono solo gli accadimenti esteriori.

In questa dinamica può perfino accadere che il desiderio in alcune fasi si eclissi.

Sì, non viene avvertito eppure, durante l'atto sessuale, i due fanno letteralmente e profondamente l'amore, con energia potentissima e vibrante.

Ma non sentono il desiderio, perché non sono mancanti, non sono più nella carenza. Sono già in pienezza, non abbisognano di nulla. Sentono piuttosto la bellezza di ciò che hanno dentro e intorno e la celebrano.

Fare l'amore è un atto celebrativo allora.

Tutto muta in questa prospettiva.

La sessualità diviene non il necessario scaricarsi di un impulso, semmai una scelta, un'intenzione, che conduce a una crescita dell'energia.

Non ha nulla a che vedere con la perdita del controllo, ma con il lasciarsi andare a Eros, dio della vita e unico in grado di congiungere il mondo della materia con il mondo dello spirito.

È solo Eros che può unire due dimensioni che paiono antitetiche: nel momento della massima compenetrazione fisica ci si trova di colpo fuori dal tempo, dallo spazio, dai corpi, il sentire si trasmuta in estasi, *ek-stasis, stare fuori.*

Si è contemporaneamente fusi con l'altro e soli nel mare che separa e unisce essere e non essere.

Si vive per un certo periodo una dimensione fluttuante e liquida, ectoplasmica, a cui il piacere ha condotto, ma che va oltre il piacere.

Recita Umberto Galimberti in *La casa di psiche:*

"L'amore è tra me e quel fondo abissale che c'è dentro di me, a cui io posso accedere grazie a te.

L'amore è molto solipsistico; e tu, con cui faccio l'amore, sei quel Virgilio che mi consente di andare nel mio Inferno, da cui poi emergo grazie alla tua presenza (perché non è mica detto che chi va all'Inferno poi riesca a uscirne di nuovo). Grazie alla tua presenza io emergo: per questo non si fa l'amore con chiunque, ma con colui o colei di cui ci si fida; e di cos'è che ci si fida? Della possibilità che dopo l'affondo nel mio abisso mi riporti fuori".

Comprendete dunque perché in questa sessualità esiste l'esclusività della coppia?

Sia che il viaggio sia nell'Inferno, nell'infrarosso dell'inconscio, sia che il viaggio sia nel Paradiso, nell'ultravioletto del superconscio – il che fa sì che esista uno spettro di rapporti sessuali ogni volta differenti per come le energie si muovono – questo genere di viaggi energetici non si possono fare con chiunque.

Oltretutto la facilità e la potenza del volo crescono con l'intimità dei due partner che la praticano.

Siamo dunque di fronte alla sessualità di una nuova era, o forse a una sessualità trasversale a tutte le ere che, come l'acqua negli altopiani carsici, scorre sotterranea all'altra sessualità, quella di tipo impulsivo.

Potete dunque scegliere in potere di quale livello di coscienza volete vivere.

Siete liberi e nessuno vi può dire che è giusto uno o l'altro.

Siete voi soltanto a sentire a quale coscienza di voi e dell'altro siete giunti.

Nella coscienza di livello tre fate l'amore per celebrare la bellezza e viaggiare nell'energia, là dove lo spirito informa il corpo e il corpo dà forma allo spirito.

Nelle *coppie nell'unione* in realtà non si fa sesso, perché il sesso si fa tutto il giorno.

La danza cosmica e universale della forma maschile e della forma femminile della forza è sempre in atto, in ogni istante maschile e femminile fanno l'amore, in noi e attorno a noi, tra me e il mio sposo anche quando siamo fisicamente lontani.

Per questo gli sposi animici non hanno bisogno di fare l'amore, scelgono di farlo.

Fanno l'amore tutto il giorno anche a distanza e in alcuni momenti scelgono di fare l'amore con questo magnifico rituale dei corpi che si compenetrano e così offrono alle anime il contatto più fisico che possono.

"Mi baci con i baci della sua bocca! Sì le sue tenerezze sono più dolci del vino.
(...) attirami dietro a te, corriamo!".

(*Cantico dei cantici*, incipit)

Così come ci insegnano le etimologie, c'è una perfetta identità di sesso e amore.

Il sesso è amore, l'amore è il sesso.

Nelle *coppie nell'unione* l'altro ci piace, lo troviamo attraente, la nostra percezione fisica è ben presente.

E siamo bravi, versati nell'arte dell'amore.

Abbiamo appreso i tempi, i modi del tatto e del respiro, del ritmo e del movimento.

Ma come Mozart si è servito pur sempre delle note che tutti suonano per comporre il Flauto Magico, ma nessun altro avrebbe saputo farlo come lui, così il bagaglio delle conoscenze dell'*ars amandi* sarà strumento per la creazione di un'opera unica, sempre uguale nei secoli dei secoli eppure sempre unica e diversa.

L'attenzione, la presenza, il mistero, il buio, il silenzio, la divinità in ciascuno dei due sposi saranno la melodia di quest'unica sinfonia.

Allora Eros o Kama verranno.

Eros vi è noto, forse Kama no.

Eppure sono la stessa divinità.

Tuttavia Kama ci rivela qualcosa di molto interessante nella sua ontologia.

Kama nella religione indiana è il *deva* del piacere sessuale, dell'amore carnale e del desiderio.

Esattamente come Eros, è raffigurato come un giovane, in questo caso a due o otto braccia, con un arco di canna da zucchero la cui corda è fatta di una fila di api, e cinque frecce, ognuna fatta da un fiore differente rappresentante i cinque sensi, che suscitano l'amore nelle persone che trafiggono.

A cavallo di un pappagallo, con un vessillo che ritrae un delfino, circondato da musici e danzatrici, nei *Rig Veda* è il dio in grado di suscitare in Brahma il desiderio di non essere solo e dunque sta all'origine della creazione del mondo. Nei *Purana* ha una sposa, Rati, *il desiderio*.

Kama è descritto come *aja, non nato*, e come *atma-bhū, nato da se stesso.*

Allora comprendete come Kama, amore carnale, piacere sessuale, è la forza che muove la creazione del mondo, la fuoriuscita dalla dimensione solinga di Brahma prima della creazione.

Non è il desiderio, lo ha come sposa.

Addirittura Kama è venerato dagli yogi e dagli innamorati perché è grazie a lui che ci si può liberare dal desiderio stesso.

Kama, con la sua teomachia, ci rivela la radice più profonda della sessualità delle *coppie nell'unione*.

Quando una *coppia nell'unione* vive l'atto sessuale si libera dal desiderio e crea il mondo.

15. I sette principi dell'amore

"Voglio amarti senza aggrapparmi a te
voglio apprezzarti senza giudicarti,
voglio essere con te senza invaderti,
invitarti senza comandare,
averti senza sensi di colpa,
criticarti senza incolparti,
aiutarti senza insultarti,
se posso avere la stessa cosa da te,
allora possiamo veramente incontrarci
e arricchirci reciprocamente".
(Eric Berne)

Non sono la prima né sarò l'ultima a cimentarmi con i principi dell'amore. Non è neppure un caso che anche i principi che ho individuato siano sette, come lo erano le regole di un matrimonio felice di cui abbiamo parlato nella terza parte del libro e come lo sono i sette principi della Medicina Integrata nel mio precedente libro *Anatomia della guarigione*.

Questi principi tuttavia non sono un elenco di regole: vogliono essere un'ispirazione per l'anima. Non sono trucchi, suggerimenti, indicazioni. Di quelli abbiamo già parlato.

Sono piuttosto soffi, parole sussurrate per evocare uno stato d'animo, meglio ancora una dinamica.

Quanto più cerchiamo ricette, in verità, tanto più siamo lontani dall'amore. Le ricette servono soltanto per farci giungere – per così dire – indenni alla soglia dell'amore.

Questi sette principi sono parole di celebrazione, le sole che si addicono all'amore e all'anima che amore attraversa.

1. Il Rispetto

La tua anima vede la divinità nell'anima del tuo partner? La onora? E vede se stessa nell'anima dell'altro, dunque non può mai venir meno a se stessa e mai all'altro? Questo è il rispetto.

Nasce dalla consapevolezza del valore di chi hai accanto.

La stima reciproca è la versione razionalizzata del rispetto, quella secondo la quale potresti elencare tutte le qualità del tuo partner per le quali lo ami o la ami.

Ma tu lo ami o la ami perché è lui o perché è lei e il rispetto è per la sua unicità, la sua originalità, non per i suoi pregi o i suoi successi.

In latino è *re-spicio, guardo indietro*.

Mentre sei sul cammino, ti volti indietro a guardare il valore del tuo amato o della tua amata? Trovo davvero terribile sentire così spesso coppie nelle quali i partner si lamentano l'una dell'altro in presenza di terzi o addirittura sembrano non aspettare altro che avere la possibilità di parlare di tutto ciò che non va con qualcuno esterno alla coppia.

È altrettanto curioso che – pur parlando oggi sempre più tutti quanti di energia, vibrazioni, sintonia – non si rendano conto dell'emorragia energetica che provocano continuando a lamentarsi di ciò che non va con tutti invece che parlarne con l'unica persona con cui dovrebbero farlo, il proprio partner.

Il rispetto è anche il rispetto dei limiti, non tanto di quelli esterni, ma soprattutto di quelli interiori.

Il rispetto deriva dal conoscere profondamente le leggi sottili della relazione secondo le quali l'altro è il tuo specchio, il tuo riflesso, e dunque non rispettare l'altro significa non rispettare te stesso.

Il rispetto riposa nel silenzio, nel non detto, in ciò che viene custodito e amato senza essere esibito.

Il rispetto alimenta la forza della coppia, il carisma della coppia: nutre la grazia che dalla coppia emana, ne costituisce il nutrimento di base. Rispettare l'altro è in verità rispettare se stessi e scegliere momento per momento che genere di individuo si vuole essere.

"Il primo effetto dell'amore è ispirare un grande rispetto; si sente venerazione per chi si ama". (Blaise Pascal)

2. La Pazienza

La pazienza è un fuoco che arde sotto la cenere, una brace sempre accesa, l'occhio che traguarda l'orizzonte e definisce la sua traiettoria.

Si dice che la pazienza è delle donne... che sono le donne a dover garantire lo spazio protetto della coppia e della casa, ma forse questo è un grande equivoco.

Quante volte le nostre nonne ci hanno richiamato alla pazienza, quante volte abbiamo sentito certe donne sospirare e dire "Pazienza...", sopportando i malumori e le rappresaglie emotive del marito e dei figli, ma in fondo anche sentendosi così brave e forti per il fatto di sopportarli.

Un gioco subdolo a volte, quello della pazienza, che conduce alla dipendenza e alla collusione anche con comportamenti che mai dovremmo accettare.

Non è questa la pazienza di cui parlo. Non è la pazienza di chi si rassegna ("Tanto sono tutti uguali", "Ormai come faccio a cambiare...?", "Con quello che c'è in giro, meglio che mi tenga quello che ho...") e neppure di chi si illude che cambierà ("Forse ha paura di legarsi...", "Può darsi che con il tempo si convinca...", "Da sposati poi è diverso...").

Si sentono assai più spesso le donne fare questi discorsi e poi sospirare.

Gli uomini più spesso sbuffano di irritazione e si chiudono in se stessi.

C'è chi dice che sospirano solo quando sono anziani e sono più vicini alle pieghe sottili della vita.

Le donne invece fin da bambine lo sanno fare, quell'inconfondibile sospiro... e a mezza bocca dicono qualche parola, poi incitano tacitamente se stesse ad andare avanti, in fondo gli altri hanno bisogno di loro, della loro forza silenziosa e del loro spirito di sacrificio.

La pazienza di cui parlo invece attiene alla dimensione della determinazione.

Non ha nulla a che vedere con la rassegnazione e con l'illusione.

La pazienza ha a che vedere con il saper vedere in avanti, oltre le apparenze, oltre ciò che pensiamo di sapere, vedere con gli occhi dell'anima e dell'intuito.

La pazienza ha a che fare con il cervello del cuore, quello che sa cosa è buono o meno per noi.

È un fuoco che cova sotto la cenere, la pazienza, lo impariamo da Bachelard, perché è la qualità di chi sa attendere mantenendo viva la fiamma nascosta, è come un mantra ripetuto senza fermarsi neppure davanti al vento che ci chiude la bocca.

L'amore che resiste e che insiste è intriso di questa pazienza.

L'amore del cuore che già sa e già vede quello che sarà, l'amore del cuore che non si sbaglia e sa se chi abbiamo davanti è la persona giusta per noi anche quando le apparenze sembrano smentirlo, quando proveniamo da mondi diversi, abbiamo caratteri contrastanti e abitudini dissintone.

Ma il cuore di entrambi in fondo sa che andrà bene e sa attendere la manifestazione di ciò che già ha intravisto nella nebbia ascensionale della co-creazione interiore.

È così che la pazienza è molto vicina alla natura e alla nascita, crescita e maturazione di ogni cosa.

Pensate a un albero, a un fiume, alla guarigione di una ferita: accadono impercettibilmente, spostandosi nello spazio del tempo in avanti là dove esistono già, come ci spiega la fisica dei quanti.

È così che la pazienza agisce, quella buona intendo. Si proietta con la sua visione là dove il tempo è già andato e riporta dal futuro il fiore già sbocciato.

La pazienza è potere e bellezza. Rifuggite dalla pazienza quando sentite che è pesante, che è uno sforzo della mente: allora si sta trasformando nelle sue dimensioni deteriori, quelle della rassegnazione, dell'illusione, della codardia. State nella pazienza quando sentite che attendere vi solleva su ali leggere ed è l'alba di un nuovo mondo in cui vi accingete a entrare.

"La pazienza è potere: con il tempo e la pazienza, ogni foglia di gelso diventa seta".

(Confucio)

3. L'Ardore

Si dice che in amore ci vuole desiderio, ci vuole passione.

I più originali dicono audacia.

Io dico ardore.

Chi ricorda questa parola che ha risonanze antiche? Evoca il roveto ardente della Bibbia, che brucia e si rigenera a un tempo.

Forse non sapete che l'ardore abita anche e soprattutto nei Veda, quel sapere che comprende tutto in sé, dai granelli di sabbia alle galassie e oltre ancora.

Nei Veda respira qualcosa di immensamente remoto, una distanza che si avverte, come risonante, nel modo di vedere e leggere ogni cosa, parola, pensiero, gesto come simbolo, forma che abita nell'intelligenza che la regge.

Il popolo vedico non si disgiungeva mai dall'ardore, da cui riteneva si fosse sviluppato il mondo.

L'ardore illumina con le lingue radenti della sua rilucenza dinamica ciò che esiste, viene dalla terra dove vaga in libertà l'*antilope nera*, così era chiamato il luogo della legge.

In amore l'ardore è la legge, o meglio, l'ardore sancisce la legge dell'amore, che non vi è amore senza il fuoco che arde e non vi è sacrilegio più grande che spegnere questo fuoco.

Ciò che la pazienza custodisce, ardore infiamma.

Quei popoli remoti che ci hanno lasciato l'opera vedica non ci hanno lasciato altro, si fa per dire. Non palazzi, non conquiste militari, neppure templi. Il loro unico scopo era congiungersi con il divino, l'uno, il pieno, il tutto, il *brahman*, l'indefinito, l'ignoto e inconoscibile.

Ma come? Diventando ardore, lo stesso che, traboccando da sé, aveva creato il mondo degli dèi e degli uomini e l'universo tutto.

È l'ardore che può destare dalla tenebra fissa della sorgente ancora non creata.

L'amore giunge perché l'ardore accada, trabocchi e accenda anche la chimica del nostro cervello. È l'ardore che muove la potenza creativa dell'amore, che ci rende migliori, che osanna i nostri talenti, fa volteggiare le nostre doti e brillare il nostro sguardo.

L'ardore cosmico crea il mondo, l'ardore interiore dell'amore che proviamo ci partorisce di nuovo.

L'ardore va onorato, come facevano gli uomini vedici con i sacrifici.

La vittima sacrificale è la nostra mente: la mente sarà sacrificata sull'ara dell'ardore.

Ciò significa che dobbiamo smetterla di pensare e fare progetti, di dirsi "È la persona giusta per me o no?" oppure "Farò bene? Farò male?".

La mente viene sacrificata, così che non ci sia più giudizio e non ci sia più commento.

Quando arriva l'amore, irrompe ardore e ardore chiede il sacrificio del pensiero.

Se quell'amore andrà bene, se diventerà progetto, sarà l'amore stesso a farlo. L'amore è indomito e tale deve restare. Hai l'audacia di essere te stesso? Hai l'audacia di restare te stesso? L'uomo è un essere del desiderio, non del bisogno, diceva Gaston Bachelard. Hai il coraggio di restare nel desiderio? Oppure accetti una situazione senza ardore pur di soddisfare un bisogno, magari quello di stabilità, pur di evitare una paura, magari quella dell'abbandono?

Invece serve l'audacia dei muscoli nudi tesi in un salto o in una scalata, di qualcuno non inconsapevole del rischio, ma che lo accetta in fondo di buon grado, come l'occasione di osare il suo più profondo desiderio.

Si dice che la sorte aiuti gli audaci e perché? Perché l'audace ha l'ardore e la fede in sé, altra forza non esiste.

"Tanto ardo, che ne mar ne fiumi spegner potrian quel foco; ma non mi spiace, perché il mio ardor tanto di ben mi fece, che ardendo ogni ora più d'arder me consumi".

(Raffaello)

"L'amante è un qualcosa di più divino dell'amato, perché è pieno di ardore da parte del dio".

(Platone)

4. La Complicità

Da *cum-plico*: *piego assieme*... i complici sono avvolti nella stessa pergamena, piegati insieme nello stesso codice.

Complici... come i complici di un furto.

Due ladri che stanno facendo la rapina del secolo, che si intendono solo con gli sguardi, senza neppure parlare, che si percepiscono in ogni piccolo movimento... stanno facendo un'impresa segreta, nascosta, temeraria.

Spesso le coppie appena nate, quelle che ancora non si sono dichiarate, hanno il senso del segreto, fanno di tutto per stare da sole, ridono quando riescono a seminare gli altri e a liberarsene e quel frangente di clandestinità crea un'atmosfera particolare che le rende appunto complici.

C'è un fondo di ironia, trasgressione e ribellione nella complicità, c'è una sottile euforia che eccita ogni cellula.

Quando una coppia ancora dopo tanto tempo riesce a fuggire in un tempo segreto, in un covo interiore come una coppia di ladri, si intende con uno sguardo a una cena, usa quelle piccole parole d'ordine che sono come un codice, passa ancora la domenica mattina a letto a chiacchierare o si ritrova di notte al buio a raccontarsi quello che non avrebbe mai pensato di dirsi... allora questa coppia è sempre giovane.

Dicono che una coppia può perdere la passione, ma se perde la capacità di ridere assieme è la fine.

La complicità è quella che rende un posto normale magico e un momento qualsiasi perfetto. È quella che in certe notti ti fa sentire così vicino all'altro che nessuna distanza potrebbe separarvi, il tempo si espande, l'atmosfera intorno è liquida, come se si fosse immersi in una scia luminosa di vibrazioni vitali.

Shelly Gable sul *Journal of Personality and Social Psychology* – nell'articolo "Will you be there for me when things go right?" – riporta gli esiti di uno studio sulla complicità di coppia. Alcuni ricercatori hanno riunito in laboratorio un gruppo composto da uomini e donne che si stavano frequentando e li hanno filmati mentre discutevano a turno di un evento positivo e di uno negativo. I membri di ciascuna coppia valutavano la reazione del partner indicando quanto si sentivano capiti, appoggiati e considerati da lui/lei dopo ogni conversazione. Nel frattempo alcuni osservatori valutavano quanto le reazioni fossero attivo-costruttive (ossia impegnate e incoraggianti), basandosi su un ascolto attivo, sulla presenza di commenti e domande positive e su altri parametri analoghi. I punteggi bassi riflettevano una reazione più passiva e generica, del tipo "Bene, tesoro", quasi a mostrare un disinteresse verso la notizia e anche verso chi la comunicava. Separatamente le coppie valutavano poi il proprio impegno nella relazione e la gratificazione ricavata dal rapporto. I ricercatori hanno così scoperto che quando uno dei partner manifestava una reazione solidale ad affermazioni gioiose, le valutazioni sulla reazione erano più positive rispetto a quelle che venivano date dopo una risposta comprensiva a una cattiva notizia. In conclusione, il modo in cui il partner accoglie le buone notizie dell'altro potrebbe essere più importante, per la salute di un rapporto, della reazione a eventi spiacevoli o dolorosi.

Potete usare le parole *interesse reciproco*, *entusiasmo*, *divertimento*, *esclusività*, *gioia*, *partecipazione*, *gratitudine* oppure semplicemente *complicità*. Un'alchimia gioiosa, un distillato di vita, una scintilla visibile solo a voi e al vostro partner.

"Come quelle persone che appena entrano nella tua vita sembra che ci siano sempre state. Credo sia questa la complicità".

(Lucy a Charlie Brown)

5. L'Intimità

L'intimità recupera la dimensione di ciò che è profondo e dentro... all'intimità appartengono le forme della condivisione, del dialogo, della vicinanza, ma anche del percepirsi l'uno dentro l'altro.

Se la complicità si esprime nelle vibrazioni della gioia, spesso il primo banco di prova dell'intimità è quello della tristezza, della difficoltà, dell'imprevisto che ci coglie, della vulnerabilità che non vorremmo mostrare, del lato di noi che ci imbarazza. L'intimità ha qualcosa di enigmatico nella sua essenza, che le giunge dalla sua stessa radice etimologica: in latino *intimus* è infatti il superlativo assoluto di *interior*.

Rimanda all'essere interiore, ma è più che interiore, è massimamente interiore, massimamente all'interno, è, se così si può dire, il massimo del dentro. Il suo contrario è *extremus* (superlativo assoluto di *exterior*). Tuttavia il verbo *intimo* vuol dire anche *far entrare*, *far sapere*, *comunicare*, *far penetrare negli spiriti*, e quindi *intimare*.

Essere intimi significa toccare l'altro da dentro, poter toccare il suo cuore, la sua anima, e di conseguenza essere intimi anche sotto il profilo sessuale e fisico. Ci può essere sesso senza intimità, perché il sesso con intimità è una compenetrazione assai più profonda.

L'intimità è un contatto così profondo che siamo nell'altro e contemporaneamente facendo entrare noi stessi nell'altro facciamo entrare l'altro in noi stessi.

Siamo intimi quando possiamo sentirci nella pelle dell'altro, e sentire l'altro nella nostra, eppure non c'è ombra di invasione e non c'è ombra di trascuratezza.

L'intimità di cui parlo non è quella che, una volta instauratasi, causa la perdita delle attenzioni e dei riguardi, quella per cui lei va in giro in casa come non si presenterebbe neppure alla scuola di mostri qualora ve ne fosse una e aprisse le iscrizioni, e lui non le è da meno con stuzzicadenti in bocca, maglia intima e calzini.

L'intimità è deteriore anche quando fa perdere la gentilezza, per cui più si è intimi con qualcuno più ci si permette di trattarlo male o senza i riguardi che si riserverebbero anche al più banale dei conoscenti.

No, l'intimità di cui parlo è un vero paradosso, un'alchimia per la quale siamo in confidenza totale e al contempo trattiamo l'altro con una delicatezza propria di chi solleva qualcosa di prezioso e sta attento che non cada o si danneggi.

È incredibile come a volte riusciamo a essere così intimi con qualcuno che non conosciamo, perché quell'estraneo ci offre la libertà e l'assenza di giudizio di chi non rivedremo più.

Al contrario il nostro partner è lì, con i giudizi, che noi immaginiamo e temiamo, e anche noi siamo lì, con i nostri blocchi che ci impediscono a nostra volta di avvicinarci sul serio.

Una delle più classiche e più terribili paure che ci possono cogliere è proprio quella della vicinanza emotiva, prima che fisica, con qualcuno.

"Intimità *è una parola di quattro sillabe che sta per 'Ecco il mio cuore e la mia anima, prego, ficcali dentro un hamburger e buon appetito!'*".

(dal telefilm *Grey's Anatomy*)

La fobia dell'intimità ci fa dire questo e a volte la nostra mente ha buone ragioni per dirlo: chi è stato tradito nella fiducia, chi è stato umiliato, escluso, ingannato da chi amava, soprattutto se questo è accaduto nei primi anni di vita, desidera infinitamente una relazione di autentica vicinanza, ma al tempo stesso è ciò che teme di più e senza rendersene conto se ne difende.

Ma l'amore delle anime va oltre la personalità e compie il miracolo risanatore dell'improvvisa, subitanea vicinanza emotiva. Accade così, senza un perché, o forse con un perché così profondo che è al di là di qualsiasi ragione.

È così che l'amore in effetti cura e salva.

"Le anime hanno un loro particolare modo di intendersi, di entrare in intimità, fino a darsi del tu, mentre le nostre persone sono tuttavia impacciate nel commercio delle parole comuni, nella schiavitù delle esigenze sociali".

(Luigi Pirandello, *Il fu Mattia Pascal*)

6. Il Presente

Presente come libertà e progettualità.

Vi sembra una antinomia? Beh, lo è.

Solo dalla *coniunctio oppositorum* si giunge all'Uno.

State nel presente e il passato e il futuro si allineeranno.

Amate nel presente e l'amore risanerà il passato e si farà progetto.

Siate liberi nella coppia e avrete un legame di coppia.

Legatevi e cercate di legare a voi stessi e avrete un prigioniero in fuga al posto della coppia che cercate.

Il presente è la chiave di tutto ciò che volete in amore, e che semplicemente non raggiungete perché non state dove dovete stare, cioè semplicemente dove siete.

Se dite *presente* dite *fiducia*.

La fiducia è solo nel presente, avere fiducia in qualcuno significa avere fiducia in ciò che è, nella sua libertà di scegliere ogni giorno e creare ogni giorno l'amore che vivete.

Presente è dirsi che ogni giorno ci si innamora di chi si ama e che se ci si innamorerà di un altro si avrà fiducia anche in questo, e ciò varrà anche per il nostro partner.

Si è disposti davvero a rischiare il dolore in nome della fiducia e, guarda caso, si rimane sempre innamorati del proprio partner.

La mente cerca, chiede, vuole sapere, rinvanga nel passato, l'amore è adesso.

Non vuole spiegazioni.

"Che razza di fiducia è questa, che esiste solo se ti comporti come ti chiedono gli altri? Per sua stessa natura la fiducia non può essere tradita, e se può essere tradita allora non è fiducia".

(Osho Rajneesh)

Presente è anche contrario di *paura*: quando amiamo e stiamo presenti scompare ogni paura.

"L'amore non è un rapporto, l'amore è uno stato dell'essere che non ha niente a che fare con chiunque altro. Non si è innamorati – in

amore – si è amore. Naturalmente, quando sei amore, sei innamorato: essere innamorato è una conseguenza, è un sottoprodotto: non è la sorgente. La sorgente del tuo innamoramento è che tu sei amore. E il vero opposto dell'amore è la paura. Quando ami ti espandi, ti apri, hai fiducia; quando hai paura ti rattrappisci, ti chiudi, ti assalgono i dubbi".

(Osho Rajneesh)

Presente è contrario di *possesso*: quando si ama davvero non ha senso possedere, perché si possiede già con così grande intimità e profondità che qualsiasi aspettativa, pretesa, esigenza sarebbe quasi ridicola e riduttiva.

Non amo più dire *mio marito*, preferisco dire *la persona che amo* o il mio *consorte*.

Quando celebro dico *il mio sposo* non perché lo posseggo, ma nel senso che è colui la cui anima ha sposato la mia. Nel dire *il mio sposo* non c'è la dichiarazione di un possesso, ma una preghiera di gratitudine per ciò che ho ricevuto in dono. Diceva Osho, che ha scritto pagine altissime sull'amore, che quando si possiede si è come mendicanti: riflettete, se possedete qualcosa o peggio credete di possedere qualcuno non avrete mai il tutto.

È per questo che i ricchi non sanno amare e non andranno nel Regno dei cieli, diceva qualcun altro: non c'entra nulla con i soldi, che sono semplicemente una forma di energia, c'entra con la dimensione del possesso.

Ci può essere un ricco che non vive nella dimensione del possesso ma del flusso dell'energia, e un povero che è fermo nel poco che possiede e nel di più che vorrebbe possedere.

Così in amore.

In amore non comportatevi da poveri che dicono "Quando avrò...", comportatevi da ricchi che sanno la fortuna che hanno in dono, non già di possedere, ma di amministrare, di godere e tramandare. Come dice Osho "*in amore non essere un mendicante, sii un imperatore*".

Il presente in amore è in realtà la cosa più semplice che potete fare, come respirare.

Automatico, innato, come una delle nostre attitudini.

È solo la mente che ci vuole collocare, con le sue continue scorribande indietro e in avanti a distoglierci da dove siamo veramente.

È dal presente, dalla co-creazione del tempo immenso e istantaneo del presente che sgorgano la riparazione del passato e la soddisfazione nel futuro.

"L'amore è fine a se stesso, e nell'amore non c'è più ego. Quando siete senza ego, c'è amore.

Allora potete dare senza chiedere in cambio niente. Date perché dare è bellissimo, dividete perché dividere è stupendo".

(Osho Rajneesh)

7. Mistero

Quante volte vi dimenticate di coltivare il mistero? Siete così convinti di sapere tutto di chi avete accanto e di voi stessi?

Ricordate il mito di Eros e Psiche: la fanciulla riceve il divieto di guardare il volto del dio ma, spinta dal bisogno di sapere, una notte si avvicina a Eros dormiente con una candela per vederne il volto.

Una goccia di cera cade sulle guance perfette del dio, che si sveglia…

E la magia dell'amore è rotta per sempre.

Psiche non può, mai potrà, vedere e conoscere il volto di Eros.

Smettete di guardare il telefonino dell'altro, controllare FB e Twitter o, cosa peggiore e perniciosissima, controllare quando è stata l'ultima volta che si è connesso a WhatsApp e fare difficilissime correlazioni con le connessioni di altre potenziali donne.

Ma smettete anche di vedere la *vostra* donna come quella di sempre.

Voi la vedete così perché volete vederla così, vi rassicura sapere che lei è sempre la stessa, anche se poi vi annoia.

Volete il controllo e glielo proiettate addosso, ma la donna che vi sta accanto è costantemente cangiante e muta ogni mese almeno quattro stati che vanno di pari passo con il ciclo mestruale. La vergine, la principessa, la madre e la strega, per citare gli archetipi junghiani, si avvicendano nel corpo e nella psiche di ogni donna di pari passo con la luna.

Smettete di temere il mistero.

Anzi coltivatelo come si coltiva una lingua antica a cui si appartiene, tenetelo vivo come si tengono vivi gli idiomi del luogo da cui si proviene.

Noi siamo figli del mistero e al mistero facciamo ritorno.

È nella dimensione del mistero che acquisiscono vero senso parole a volte abusate come *estasi*, *unione*, *fusione*, *vibrazione*, *sintonia*, *sacro*.

Vi prego, ritornate a lasciare esistere il mistero nel vostro partner, a rispettarlo, a contemplarlo, a godere dei brividi che vi dà.

Avete accanto un dio o una dea e voi gli o le siete accanto come un dio o una dea.

Restate nell'oscurità e non accendete candele.

Conoscetevi nell'invisibile prima che nel visibile.

"Era dolce e bello sapere che tra loro due c'erano segreti che tessevano una vita sottile e leggera sull'altra vita, quella reale".
(Clarice Lispector, *Vicino al cuore selvaggio*)

È così, l'amore è bellissimo e possibile.

L'amore è divino e umano. È per noi, umani e divini.

Il mio sposo animico spesso mi ripete quanto è bello costruire l'amore ogni giorno, lui, che dopo anni vissuti da single, felice e convinto, oggi è talvolta ancora più tenace di me nel voler penetrare i significati di ciò che ci accade, il senso di ciò che ci riflettiamo l'un l'altra, le trame emotive ed energetiche che si animano di giorno in giorno.

E io stessa, questo libro ho sentito di scriverlo, solo quando ho sperimentato su di me e in me tutto ciò che avete letto.

Questo libro è insieme molte cose, ma forse più di tutto una testimonianza d'amore.

L'amore esiste, è una forza profonda, universale ed eterna che prima o poi attraversa ognuno di noi. Non dubitate dell'amore e l'amore si manifesterà.

Scegliete di vivere secondo le logiche del cervello del cuore e la persona del cuore arriverà.

Siate voi stessi e giungerà chi vi adorerà così come siete.

In coppia abbiate sempre l'umiltà sana di ricordare che ciò che vi accade è uno specchio di voi e abbiate il sano coraggio di vedere così come è colui o colei che avete di fronte e sapere che, in verità, è perfetto per voi, proprio così come è.

E siate pronti a trasmutare: ogni giorno, ogni momento, è un appuntamento con l'anima.

Accettate il viaggio che Amore vi conduce a vivere. Ogni criticità che vi si presenta è un'occasione per scoprire un po' più di voi stessi e incarnare ancora meglio quella scintilla unica e irripetibile di energia che è in noi.

L'amore felice esiste, felice non già perché esente da alternanze, luci e ombre, felice perché felice di esserci e manifestarsi, perché continua meraviglia di creazione e unione.

Eros è questo, forza di creazione e unione.

Ogni avversità scrive un pezzo di questo romanzo e smette di essere avversa nella fantasia degli sposi amanti che ne sanno leggere con grazia i simboli.

Questo libro è un figlio dell'amore e vuole essere soprattutto un messaggio che vi inviti a sperimentare, esplorare, portare a compimento, con audacia e con misericordia, la vostra essenza d'amore.

Prima o poi l'amore arriva

La prima volta in cui ho compreso il potere che l'amore ha di trasformarci è stato sorridendo con i versi di Stefano Benni.

Siate per prima cosa amore, la coppia verrà da sé.
E ora preparatevi a sorridere…

"A un passaggio a livello lontano dal mondo
un giorno d'agosto assolato
un capostazione annoiato
vide a un finestrino di un accelerato
una signora bruna
e più non lavorò
passava il tempo
a guardare la luna
e i treni si scontravano
ma lui non li sentiva
prima o poi l'amore arriva

C'era un bancario
così serio, così serio
che non rideva mai fuori orario
ma un giorno allo sportello
arrivò un giovanotto
indubbiamente bello
aveva un assegno da un milione
della Banca Popolare
e disse sorridendo
"Me lo puoi cambiare?"

e lui cambiò l'assegno
e la sua vita intera
quella stessa sera
rubò la cassa e scappò via
via con lui a Bahia
e la gente parlava
ma chi la sentiva
e ballavano insieme
una samba giuliva
prima o poi l'amore arriva

C'era un politico
ladro e indifferente
non voleva bene a niente
neanche agli amici democristiani
neanche ai bambini
neanche a Fanfani
solo un pochino
lui si eccitava
se Nuccio Fava lo intervistava
ma a una seduta molto affollata
vide una splendida deputata
le disse "Amore, dimmi di sì"
e lei "Non posso, son del Pci"
e perse la testa e come un ossesso
urlava "Amore non è un problema, c'è il compromesso"
e Fanfani strillava
ma nessuno sentiva
e nel transatlantico
un sussurro saliva
e Andreotti dichiarò
alla stampa sportiva:
prima o poi l'amore arriva

C'era un bagnino
che non sapeva nuotare

ma era raccomandato
da uno zio piessì deputato
stava lì sulla spiaggia
di Gabicce Mare
a pensare, a pensare
perché neanche la rana
riusciva a imparare
ma una bella tedesca
dai capelli biondi
urlò "Aiuto annego
entro trenta secondi!"
e lui come un cefalo
si tuffò nel mare
perché in amore
bisogna saper galleggiare
la riportò a riva
e lei aprì gli occhi e disse
"Mio eroe, mio tritone, son viva!"
e la spiaggia in coro:
"prima o poi l'amore arriva"

E c'era un barbone
senza abitazione
aveva solo la televisione
mangiava le ghiande
come i maiali
però teneva novanta canali
ma una notte d'inverno
che nevicava
e Corrado in pelliccia
da Gstaad presentava
sentì che di freddo
e di stenti e di affanni
era ormai arrivato
alla fine dei programmi
ed ecco la vide

rosa e felice
e sorridente, l'annunciatrice
che gli annunciava
"I nostri programmi riprendon domani"
e urlò "Sì, domani, mia splendida diva"
e il freddo e la fame
già più non sentiva
abbiamo trasmesso:
prima o poi l'amore arriva

C'era un supergenerale di superpolizia
arrestava e sparava
per difendere, diceva, la democrazia,
se l'era rinchiusa e portata via
ma un giorno in un blitz
in un covo sul mare
catturò una giovane extraparlamentare
e personalmente la volle interrogare
e alla fine lo videro che piangeva
lei non lo voleva
e lui le diceva "Ma non senti il fascino della divisa?"
"La divisa è un bijou*",*
lei rispondeva, "ma quello che fa schifo
è che ci sei dentro tu"
e lui fece tanti blitz
ma non era più lui
e non si divertiva
e ai suoi carabinieri gridava
"At-tenti, vigilare, in riga
sparategli a vista, è un'erba cattiva"
prima o poi l'amore arriva

E c'era un uomo
che voleva esser morto
perché nella vita tutto gli era andato storto
scornacchiato, disoccupato

mangiò sei buste di talco borato
un chilo di Vim
duemila Rim
trecento fette di sottilette
e arrivò l'ambulanza che già delirava
e già per spacciato l'avevano dato
ed ecco la vide
e di colpo sentì
un brivido dentro e all'istante guarì
com'era carina, la crocerossina
che con un sorriso
diceva "Riposi, è ben fortunato,
si è proprio salvato
stanotte ritorno a provarLe la febbre
che l'è tutto rosso
mi tolga, la prego, le mani di dosso"
ma quello già tutto bruciar si sentiva
non era il febbrone
era proprio passione
e tutto il reparto di urli riempiva
"Dottore dottore
prima o poi l'amore arriva"

C'erano dei maniaci
luridi e laidi
che si eccitavano guardando Heidi
e un giorno in un parco
dove facevano i porci
videro due gemelle
così belle, così belle
che in tre minuti
finirono le caramelle
e dissero basta
con le perversioni
si sposarono in chiesa
e per testimoni

i quattro bruti bruti di più
vestiti in cravatta e impermeabile blu
e il prete diceva
"Beato chi lascia la vita lasciva
prima o poi l'amore arriva"

E c'erano uomini
con un lavoro sicuro
e donne con le case ordinate
e una piazza
dove le sere d'estate
ci si sdraiava insieme
ad aspettare un'attesa
un qualcosa
un altro aspettare
e tutte le notti
un fantasma appariva
e in tutta la piazza tuonar si sentiva
'O voi che credete
che indifferenti e rassegnati invecchierete,
contenti che non c'è una bocca
che vi può ferire
o una foto sul muro
che non vi fa dormire
non c'è niente da fare
non si può scappare!
Guardate, è dietro!
vi guarda goloso
chissà da quanto
lui vi seguiva
vi prenderà! non c'è scampo!
vi ha preso! evviva! evviva!
prima o poi l'amore arriva'".

Grazie a Stefano Benni per averla scritta.

Ringraziamenti

Grazie a Fausto e Cristina, i miei amati genitori, perché mi hanno mostrato le meraviglie di un grande amore, un amore di tutta una vita, indiscutibile e unico, perfetto in sé.

Gli amori e i loro equilibri miracolosi non si commentano e non si giudicano: si contemplano, forse. E si tramandano.

Grazie alla catena delle coppie della mia famiglia: Ettorina e Luigi, per meglio dire Etty e Ginetto, nonni dolcissimi e così vicini, protagonisti dell'amore della coppia che vive nella quotidianità, con i tic, i vizi e le piccole consuetudini di un nomignolo, di un modo di dire, di un rituale che diventa un aneddoto.

Pierina e Angelo, nonni più lontani, protagonisti dell'amore che vive nonostante il prematuro distacco.

Felicita e Carlo, i miei bisnonni, protagonisti di un amore da romanzo di tanto tempo fa.

Coppie che si sono amate per la vita intera, anche fra mille peripezie, la guerra, l'orfanezza, la povertà e persino gli intrighi di famiglia.

Onore a tutti loro per avere tramandato fino a me la forza dell'amore.

Alla mia bisnonna Felicita un grazie speciale per essere stata la compagna di tanti giochi dell'infanzia e l'ignara forse, ma potentissima, maestra di un femminile fiero e puro.

Alle belle coppie che ho incontrato nel corso degli anni e sono testimoni che l'amore romantico esiste: fra molti, in particolare Paola e Luciano Corna, Antonella e Alfonso Pasetti, Annarosa e Carlo Dosi, Luisa e Pino Lajoyè.

Alle grandi coppie della storia, della letteratura, della poesia e dei miti che continuano a esistere nel "mondo tre" e a ispirarci: Paolo e Francesca, Romeo e Giulietta, Penelope e Odisseo, Orfeo ed Euridice, Abelardo ed Eloisa, Lancillotto e Ginevra, Iside e Osiride, Renzo e Lucia, Teseo e Arianna, Edward Rochester e Jane Eyre, Rhett Butler e Rossella O'Hara, Dino Campana e Sibilla Aleramo, Florentino e Fermina, Eros e Psiche...

A chi in questo percorso si è trovato o si è fatto trovare sul mio cammino, donandomi – a volte inconsapevolmente, a volte intenzionalmente – magici suggerimenti sull'amore.

Ad Attilio Piazza e Monica Colosimo per avere scritto, da coppia animica, *La saggezza del cuore*. A Monica grazie anche per i nostri piccoli grandi incantesimi e per il cipresso di San Francesco.

A Niccolò e Livia Branca, per la grazia del loro legame. A Livia grazie per le lezioni su come si sbucciano i carciofi, lei sa di cosa parlo, un giorno magari scriverò anche di questo.

Al professor Gioacchino Molteni per la profondità e l'inconsueto dei suoi insegnamenti sull'amore.

Al dottor Bruno Pagani per le sedute analitiche vissute insieme e soprattutto per avere sempre citato in ogni esempio, aneddoto e metafora, la sua amata moglie.

Grazie a tutti coloro che con la loro opera mi hanno ispirato, quelli che qui ricordo e i tanti che si sono sedimentati in me e negli strati più reconditi del mio subconscio: Platone, Socrate, Dante Alighieri, William Shakespeare, Emily Brontë, Emily Dickinson, Alda Merini, Mariangela Melato, Gabriel Garcia Marquez, Gabriele D'Annunzio, Clarice Lispector, David Grossman, Anna Achmatova, Gibran Khalil Gibran, Umberto Galimberti, Bruce Lipton, Caroline Myss, Carlotta Brucco, Carl Gustav Jung, Sabine Spielrein, Bert Hellinger, Allan Abbass, Josette Ten Have-de Labije, Paul Ekman, John e Julie Gottman, Osho Rajneesh.

A Chiara Oggionni e Lorenzo Gabetta, perché è l'amore che cura, guarisce e salva.

A Lou Andreas Salomè per avermi cercato ed essersi fatta trovare fra i vecchi libri di un mercatino con la forza del suo femminile creativo e moderno.

A Maria Maddalena per le suggestioni e le rivelazioni sul femminile e sul divino.

A Katherine Hepburn per avere detto all'amore di tutta la sua vita Spencer Tracy: "Voglio essere la donna con cui ridi, litighi e fai l'amore".

A Valeria Chierichetti per le grandi storie d'amore che ha saputo raccontare su F e a Marisa Deimichei, il nostro direttore, per far sì che abbia continuato a farlo dall'invisibile.

A Raffaele Morelli, soprattutto per il *solve et coagula* dei discorsi fatti insieme sull'amore, la morte, l'anima e la storia dei miei genitori.

A Igor Sibaldi per *Eros e Amore* e per la disobbedienza.

A Salvatore e Anna Brizzi per essere una coppia animica.

A Salvatore il mio grazie anche per la sua opera, per il lavoro condiviso insieme e tutto ciò che ne sta scaturendo, oltre che per avere accettato di scrivere la prefazione a questo libro.

A Romeo Compostella, per la saggezza e l'amorevolezza infiniti: grazie per l'insegnamento preziosissimo.

A Eleonora Gimosti, amica di sempre, compagna di tante fasi di apprendistato nell'amore.

A Kristen Grove, per i progetti condivisi e ancor più per la vicinanza animica... e i gufi.

Alle coppie forti e indomite della mia famiglia acquisita con grande affetto: Timmy e Sabrina, Asher e Adriana.

A chi lavora con me nelle trame dei conflitti e delle riparazioni delle coppie, nel forense e nella ricerca: Emanuele Botta, Diego Ingrassia, Luca Marzari.

A Flores Giulia Tanga, magistrato di rara originalità di pensiero, per le tante conversazioni sugli amori che fanno male e alle volte si intrecciano con la morte e soprattutto per l'amicizia che ci unisce.

Ad Anna Introini, per avermi dato la possibilità – in qualità di Presidente della Nona Sezione Penale del Tribunale di Milano – di studiare e interpretare vicende di coppie oscure e complesse e per la grande stima reciproca.

A Paola D'amico, unica e coraggiosa giornalista, ma anche ricercatrice, creativa testimone del femminile indomabile e affettuosa amica.

Alle coppie che si sono rivolte a me e con le quali ho avuto l'onore di condividere un percorso: ometto i nomi per ragioni di *privacy* e sintesi, ma, se leggerete il libro, sappiate che siete tutti nel mio cuore e vi ringrazio. Questo libro è anche merito vostro.

A tutti gli amori apparentemente naufragati, finiti male, interrotti o abbandonati: sono quelli da cui si impara di più, ormai lo sapete.

Al mio editore Jonathan Falcone, ormai anche insostituibile organizzatore di tutti i miei eventi: un meritato e immenso *bravo* con tutto il cuore.

Grazie a tutto Gruppo Anima per le belle opportunità di lavoro insieme, la professionalità e il sostegno: Calogero, Davide, Jonathan, Asher, Timoteo, Sabrina, Veronica, Davide, Bruna, Luca, Camilla, Isabella, Lina, Fabio, Andrea.

A Calogero Falcone grazie per le nostre conversazioni: come dice lui, "nel dialogo si possono sintetizzare secoli di pensiero" e lui sa farlo con grande sapienza.

A Cetty, Francesca, Adriana con grande affetto: ognuna di loro incarna e manifesta uno degli innumerevoli tasselli del femminile e sono felice che facciano parte della mia vita.

A Veronica e Stefano e alla loro piccola Anita, stella marina appena nata a portare un'altra scintilla di energia femminile in questa dimensione.

Alla piccola Noah, un'altra luce in arrivo su queste frequenze.

A Fanta Kone per avere scelto di diventare quella che è.

Al Popolo degli Etruschi, il mio prediletto in tante gite archeologiche dell'infanzia: grazie per avere posto tante immagini di amore di coppia negli affreschi delle vostre necropoli e per il sarcofago degli sposi di Cerveteri che suggestionò così potentemente il mio mondo infantile.

Grazie alle coppie anziane che si tengono ancora per mano e fanno ancora l'amore.

Anni fa, su una spiaggia delle isole Vergini, una di queste coppie si tuffava tra le onde e, in un difficile frangente, fu lì a ricordarmi che l'amore esiste.

Grazie alla piccola Zoe, che ha passato ore accoccolata sulle mie ginocchia mentre scrivevo questo libro: lei sa bene cosa sono l'amore e la tenerezza.

Grazie a Zohar, che insegna l'amore incondizionato con così tanta facilità, e ai suoi aiutanti.

Grazie al mio sposo animico: ci siamo detti sì con la consapevolezza di ciò che è divino, ora abitiamo l'uno nell'altra.

Indice

Erica Francesca Poli
ANATOMIA
DELLA GUARIGIONE
I sette principi della
Nuova Medicina Integrata
Anima Edizioni

Erica Francesca Poli

AUTO-IPNOSI

Anatomia della Guarigione
Co-creazione di un cambiamento

LIBRO + 2 CD a 432 HZ

Anima Edizioni